»because of books«

Kind im Haus, WLAN aus: Weniger Internet für glückliche und erfolgreiche Kinder

Mina Homann

»because of books«

Bibliografische Information der Deutschen Nationalbibliothek:
Die Deutsche Nationalbibliothek verzeichnet diese Publikation in der Deutschen
Nationalbibliografie; detaillierte bibliografische Daten sind im Internet
über dnb.dnb.de abrufbar.

TWENTYSIX – Der Self-Publishing-Verlag
Eine Kooperation zwischen der Verlagsgruppe Random House
und BoD – Books on Demand

© 2017 Mina Homann

Herstellung und Verlag:
BoD – Books on Demand, Norderstedt

ISBN: 978-3-740-73389-6

Umschlaggestaltung: © Erdin Design
Lektorat: C. S. Becher

»Erziehung ist Beispiel und Liebe
— sonst nichts.«

Friedrich Fröbel

Inhalt

Groß werden mit dem Internet	11
Ein Vorbild sein	15
An die eigene Nase fassen	16
Kinder online präsentieren?	22
Wie läuft das mit Regeln und Grenzen?	27
Die Kunst, Grenzen zu setzen	28
Der Kampfsport, Grenzen durchzusetzen	37
Bonusrunde: Grenzen unter Geschwistern	43
Zusammenhalt der Eltern	47
Als Eltern eine Einheit bilden	48
Als Ex-Partner eine Einheit bilden	52
Absprache mit Familie und Freunden	55
Daheim internetfrei, bei anderen online	56
Unerwünschte Fotos im Internet	58
Technische Geräte als Geschenke	60
Soziales Miteinander	63
Online-Wellnessurlaub bei Oma und Opa	64
Wenn Gäste da sind	67
Bildschirm: Der neue Spielplatz	70
Weniger Internet: Mehr Lernen über das Leben	73
Alleinsein	74

Langeweile	76
Kreativität	78
Geduld	80
Empathie	81
Entspannung	83
Mut	85
Selbstbewusstsein	90
Wahrnehmung	92
Das Leben meistern: online und offline	97
Erinnerungen schaffen	98
Kontrolle ist gut, Vertrauen besser	103
Dranbleiben — In jedem Alter	106
Wenn es online geht: Das Kind aufklären	111
Unterwegs im Internet	112
Inhalte	113
Sicherheit	116
Privatsphäre	118
Online-Belästigung	121
Cyper-Mobbing	123
»Social-Media-Depressionen«	126
Distanz	128
Kennenlernen	130
Nicht um jeden Preis mitmachen	133

Technische Produkte	134
Social Media und andere Seiten	137
Onlinekäufe	139
Abschließende Worte	141
Die Autorin	146

Groß werden mit dem Internet

»Mach endlich das Ding aus.«
»Ja, Mama. Gleich.«
»Mach jetzt bitte das Ding aus!«
»Ja, gleich.«
»Ich habe dir gesagt ...«
»Papa!«
»Hör auf deine Mutter.«
»Ja, gleich.«

Wie lange muss man eigentlich vor dem Bildschirm sitzen, bis die Augen viereckig werden? Ihre Kinder wollen es täglich von Neuem austesten. Die Aufmerksamkeit des Nachwuchses während des Surfens oder Onlinespielens zu erlangen, ist ein mutiges Unterfangen und so manch einer scheitert. Wollen Sie Ihr Kind von seinem Tablet oder Laptop losreißen, ist oftmals Theater garantiert. Mehr Tragödie als Komödie. Aber keine Sorge: Bevor jetzt Ihr Kind wieder wütend auf den Boden stampft und trotz unzähliger Ermahnungen sein Smartphone in die Hand nimmt, lesen Sie weiter in diesem Buch.

Werfen Sie nicht gleich das Tablet aus dem Fenster, um die Onlinezeit Ihres Kindes zu regulieren. Geräte komplett zu unterbinden besitzt zwar einen gewissen Reiz, allerdings ist dies in der heutigen Zeit schwer umsetzbar. Smartphones, virtueller Kontakt und digitale Erlebniswelt gehören heutzutage zum guten Ton. Die jüngere

Generation wächst mit dem Internet auf. Als »Digital Natives« (»Digitale Eingeborene«) kennen sie es nicht anders. Nicht nur die Eltern, auch das weitere soziale Umfeld vermittelt ihnen, dass Tablets, Computer und Smartphones zum Leben dazugehören. Ob auf dem Schulhof, bei ihren Freunden, beim Nachbarskind oder bei ihren Cousins: ab einem gewissen Alter gehen Kinder in die weite große Onlinewelt hinein und müssen lernen, sich darin zurechtzufinden.

Auf dieser unbekannten und abenteuerlichen Reise dürfen Eltern ihre Kinder begleiten. Sie müssen ihnen beibringen, wie sie das Internet erfolgreich nutzen, ohne sich von dem riesigen Onlineangebot einnehmen zu lassen. Es gilt, den Nachwuchs zu unterstützen, sich trotz des verlockenden Internetinhalts auf andere wichtigere Dinge im Leben zu konzentrieren.

Dieses Buch vertritt die Devise, dass wie bei allem im Leben auch hier gilt: Die Dosis macht das Gift. Zuviel von etwas ist niemals gut. Wenn Ihr Kind pausenlos am Tag am PC durchspielt oder auf seinem Smartphone tippt, leiden automatisch andere Interessen, soziale Beziehungen, Talente und Fähigkeiten. Wenn Sie spüren, dass in Ihrer Familie der Internetkonsum überhandnimmt und Sie etwas verändern wollen, finden Sie in diesem Buch viele Tipps und Denkanstöße. Sie dienen als Inspiration und Motivation, das Internetverhalten Ihrer Kinder zu verbessern und ihre Medienkompetenz zu fördern. Es werden Wege aufgezeigt, wie Sie das Onlineleben Ihrer

Kinder eingrenzen und Ihren Nachwuchs im Internetdschungel beschützen. Weder handelt es sich hierbei um ein Totalverbot, noch um die Verteufelung von Internetnutzung, Tablets und Smartphones. Die Technik an sich ist nicht das Problem, sondern der unkontrollierte und unhinterfragte Einsatz und Konsum. Ziel ist es, einen guten und balancierten Umgang mit dem Internet zu erreichen. Der Alltag des Nachwuchses soll nicht durch unbegrenztes Onlinesein bestimmt werden. Durch die Festlegung von Regeln und die Verlagerung von Interessen können Sie aktiv dafür sorgen, dass das Netz nicht zum Lebensmittelpunkt Ihres Kindes wird.

In den folgenden Kapiteln gibt es lebensnahe Beispiele sowie altersspezifische Lösungsansätze für Kinder von 0 bis 13 Jahren. Die Informationen sind nicht nur für Eltern geeignet, sondern für alle, die sich um Kinder kümmern, oder dies in der Zukunft vorhaben.

Ein Vorbild sein

An die eigene Nase fassen

Der achtjährige Milo sucht seit zwei Stunden die Goldmünzen seines Elfen. Seine Mutter ruft zum Abendessen, aber er vertröstet sie: »Gleich! Nur noch ein Level!« Als das Nörgeln seiner Mutter selbst für seine toleranten Ohren zu viel wird, kommt Milo mit seinem Tablet ins Esszimmer. Ihm eröffnet sich ein vertrautes Bild: Seine Mutter tippt auf ihrem Smartphone, sein Vater ist über dem Laptop gebeugt. Die neue E-Mail von Tante Elfi, deren Katze dem Hund das Fell vom Kopf frisst, und die Anfrage von Kollege Erich, der die Kaffeemaschine im Büro nicht zum Laufen bringt, lesen und beantworten sich schließlich nicht von selbst. Milo stellt sich manchmal vor, wie seine Eltern im Falle eines Erdbebens reagieren würden. Seine Vermutung: Sie würden »Was tun bei Erdbeben?« in die Suchmaschine eintippen und sich höchstens bewegen, um ihren Computer zu retten. Schweigend sitzt die Familie am Tisch. Man hört nur Tippen und Klingeln.

Andere Familie, ähnliches Szenario: Sara kennt Milo, seit er in der ersten Klasse ihren Zopf als Pinsel benutzte und sie danach eine halbe Stunde weinte. Heute sind sie beste Freunde. Saras Vater ist nach wochenlanger Dienstreise wieder daheim. Sara kann es kaum erwarten, ihm von ihrem neuesten Schulprojekt zu erzählen. Doch ihr Vater hätte lieber eine Ohrentzündung, als dass er jetzt von seinem Smartphone aufblickt und ihr Gehör schenkt:

»Gleich Sara, erzähle es mir bei unserem Spaziergang.« Doch im Wald merkt Sara schnell: Berg und Bach können ihren Vater nicht so sehr beeindrucken wie sein Handy. Ihre Erzählungen ernten höchstens ein »Ja, ja ...«. Für Saras Vater dreht sich alles nur um das, was auf dem Bildschirm steht. Saras Mutter bemerkt die Enttäuschung ihrer Tochter und schlägt zur Aufmunterung vor, dass sie heute länger online sein darf: »Dann kann sich dein Papa ausruhen.«

Diese Einblicke in das Leben von Milos und Saras Familien regen uns zum Nachdenken an: Bevor wir das Nutzverhalten von Internet, Smartphone und Tablet unserer Kinder kritisieren, müssen wir uns zuerst an die eigene Nase fassen. Der Erziehungsstil »Tue, was ich dir sage, und nicht, was ich selber tue!« ist mit einigen Problemen behaftet. Eltern sind mit ihrem Verhalten und Aufstellen von Richtlinien dafür verantwortlich, welches emotionales Klima sich in einer Familie entwickelt und wie Familienmitglieder miteinander umgehen. Sie halten eine wesentliche Vorbildfunktion inne: Kinder sind kleine Schwämme. Sie saugen ihr Umfeld auf. Auf diese Weise lernen sie. Sie beobachten die Verhaltensweisen ihrer Eltern sowie anderer Menschen, die ihnen nahestehen und mit denen sie häufig in Kontakt sind. Diese Handlungen ahmen sie teilweise nach, oder ziehen aus ihnen Schlüsse, wie die Welt um sie herum und das Leben funktioniert. Wenn Sie ständig Ihr Smartphone in der Hand halten und alle vier Minuten draufblicken, wundern Sie sich nicht, wenn Ihr Kind dasselbe tut.

Nicht nur, dass unser Internetfokus von unseren Kindern nachgeahmt wird. Der Fokus auf Smartphone und Co führt dazu, dass wir schöne und bedeutsamen Momente im Leben verpassen. Im schlimmsten Fall kann das Internetverhalten unsere Wachsamkeit beeinträchtigen und unsere Kinder gefährden. Der Nachwuchs wird vertröstet, weil die Eltern sich in Ruhe Videos online anschauen wollen, und sich lieber auf ihre neueste App konzentrieren, als ihren Kindern zuzuhören. Mitunter werden wichtige Aufgaben links liegen gelassen, weil die Eltern lieber die Nachrichten- und Klatschwebseiten checken. Ein Sprössling fällt fast auf den Boden, weil seine Mama beim Selfie-Schießen mehr auf den perfekten Winkel als auf das Kind in ihrem Arm achtet. Ein Vater mit einem Smartphone unter der Nase übersieht, dass seine Tochter auf die Straße zuläuft. Manche sprechen kein Wort mit ihrem Baby beim Spazierengehen, weil sie Video-Plattformen checken oder einem Live-Podcast zuhören. Dabei würde das Reden mit dem Neugeborenen seine Sprachentwicklung fördern. Bei Aktivitäten wie Schwimmkursen sitzen die Eltern am Rand des Schwimmbeckens, um möglichst viele Fotos zu machen, diese mit Herzchen und Kommentaren zu verzieren und auf Social Media hochzuladen. Dabei verpassen sie den ersten Tauchgang des Kindes.

Diese Verhaltensweisen prägen unsere Erlebnisse und Erfahrungen in der realen Welt, ohne dass wir uns dessen bewusst sind. Es wird gemeinsam mit dem Nachwuchs Naturdokumentationen geschaut, aber man scheut sich, mit den Kindern in den Wald oder auf eine

Wiese zu gehen. Die Kinder sehen sich online Bücher an, aber keiner setzt sich zu ihnen, um ein Druckbuch in den Händen zu halten und zusammen zu lesen. Die Kinder lösen Denkaufgaben online, aber keiner geht zu ihnen, um gemeinsam zu rätseln und zu grübeln.

Die Internetpraxis wirkt sich auf die Wahrnehmung und das Handeln aus. Die konstante Präsenz eines Bildschirms wird als Normalität empfunden. Zwischenmenschliche Kontakte und emotionale Bedürfnisse werden der Technik untergeordnet. Der Gebrauch von Mobilgeräten und Computern wird als bedeutender eingestuft als die Interaktion mit unserer Familie, Freunden und Bekannten. Hinzu kommt, dass Smartphones, Tablets und Computer noch eine größere Faszination auf Kinder ausüben, wenn sie sehen, wie ihre eigenen Eltern davon in den Bann gezogen werden. Kinder merken, dass sie für die Geräte ignoriert werden.

Dass wir selbst täglich Verhaltensweisen zur Schau stellen, die wir bei unseren Kindern kritisieren, ignorieren wir nur zu gerne. Wir wollen manche negative Eigenschaft lieber verdrängen, als uns mit ihr auseinanderzusetzen. Es ist daher wichtig, das eigene Gefahrenpotential, zu viel Zeit online zu verbringen, zu erkennen und demnach zu handeln.

Überlegen Sie: Könnte sich Ihr Kind die Verhaltensweisen von Ihnen abgeguckt haben? Wie häufig chatten und surfen Sie lieber, als sich mit Ihrem Kind zu unterhalten? Leidet die Kommunikation mit Ihrem Kind dadurch? Unterstützen Sie mit Ihrer Art von Erziehung einen balancierten Umgang mit Mobilgeräten, oder verharmlosen Sie die Stunden vor dem Computer? Löbliches Verhalten der Kinder wird als Verdienst der eigenen Erziehung angesehen. Aber wenn der Nachwuchs stundenlang vor dem PC sitzt und so gut wie alles andere für das Internet liegen lässt — wer erntet Lob dafür?

Aber niemand ist perfekt. Seien Sie geduldig und nachsichtig mit sich selbst. Ein Vorbild zu sein ist nicht immer einfach. Es ist verständlich, dass Sie Ihren Kindern nicht rund um die Uhr ein beispielhaftes und fehlerfreies Leben vorleben können. Aber wenn Sie achtsam bleiben und Ihr eigenes Internetverhalten immer wieder unter die Lupe nehmen, werden Sie erstaunt sein, wie viel Sie damit erreichen können. Fangen Sie bei sich selbst an.

Extra-Tipp: Bei aller Einsicht und Verständnis, dass wir mit gutem Vorbild vorangehen sollten, kann unser Nachwuchs trotzdem lernen: Erwachsene dürfen gewisse Dinge machen, die Kindern nicht erlaubt sind. Mama und Papa dürfen online gehen wann immer sie wollen, trotzdem müssen sich Tochter und Sohn an die vorgeschriebene Zeit am Computer halten. Besonders, wenn es sich um spezielle Situationen oder Notfälle handelt. Wägen Sie selbst ab, was Sie für richtig erachten. Aber bedenken Sie: Sie haben es leichter, Ihren Standpunkt durchzusetzen, wenn die Kinder sehen, dass Sie sich ebenfalls an die Regeln halten. Nichtsdestotrotz, am

Ende des Tages sind Sie verantwortlich für die Aufstellung der Regeln. Auch wenn sich Ihre kleinen Süßen in kleine Drachen verwandeln, halten Sie das Zepter in der Hand. Überlegen Sie sich nur gut, wie Sie es schwingen lassen wollen.

Kinder online präsentieren?

Ohne Zweifel sind Ihre Kinder die goldigsten und bezaubernsten Geschöpfe. Sie sind wahnsinnig stolz und wollen andere an Ihrem Glück teilhaben lassen. Aber jeden Pups und jede volle Windel der ganzen Onlinewelt präsentieren? Das öffentliche exzessive Teilen von Fotos und Videos von Kindern ist so verbreitet, dass es mittlerweile einen Begriff dafür gibt: »Sharenting«, ein Mix aus dem englischen »Share« (»Teilen«) und »Parenting« (»Elternschaft«). Eltern lassen die Internetwelt an allen Aspekten ihres Lebens und die ihres Nachwuchses teilnehmen. Kaum ist ein Baby auf der Welt, sind Fotos von ihm im World Wide Web zu finden. Vom Sitzen im Hochstuhl bis hin zu den ersten Versuchen im Toilettentraining: Alles wird online gestellt und kommentiert.

Zweifelsohne ist es von Vorteil, mit einem Klick andere Menschen am eigenen Leben teilhaben lassen zu können. Besonders, wenn Familie und Freunde nicht jeden Tag präsent sein können, und über das Neueste der Enkelkinder oder Neffen und Nichten auf dem Laufenden gehalten werden wollen. Die Kunst besteht also darin, sich genau zu überlegen, wer Zugriff zu diesen Dateien haben soll. Wollen Sie wirklich x-beliebigen Internetusern Zugang zu den privaten und intimen Momenten Ihrer Familie geben?

Auch wenn Sie online wahnsinnig gerne öffentlich mitteilen, was Ihre Kinder lernen und unternehmen: Die

Auswirkungen sind unüberschaubar. Digitale Identitäten der Kinder werden oftmals von Geburt an geformt ohne deren Verständnis oder Einverständnis. Kleine Kinder haben noch keine Vorstellung davon, was es bedeutet, ihr junges Leben bereits online dokumentiert zu haben. Aber je älter sie werden, umso mehr werden sie sich bewusst, dass sie über Social Media von anderen Menschen gesehen und bewertet werden. Sie lernen, dass ihr Aussehen oder ihr Verhalten online positive oder negative Resonanzen erntet. Sie fühlen sich blamiert, ängstlich oder wütend, wenn jemand ein Foto von ihnen hochlädt, welches ihnen nicht gefällt. In der Schule, im Berufsleben oder im privaten Bereich können später alte Aufnahmen auftauchen. Diese können sie negativ beeinträchtigen oder beschämen, oder sogar von anderen für Mobbing genutzt werden.

Stellen Sie sich vor, alle Ihre Kindheitsbilder wären für jeden im Netz zugänglich. Sie hätten kein Mitspracherecht, welche Aufnahmen verbreitet werden. Hören Sie deswegen auf Ihr Kind, wenn es partout gegen das Teilen und Posten ist. Lassen Sie es nicht zu einem Streit kommen. Mit diesem Verstoß gegen die Privatsphäre dürfen sich mittlerweile sogar Gerichte auseinandersetzen. Eine erwachsene Tochter verklagte ihre Eltern, da diese nicht aufhörten, Fotos aus ihrer Kindheit im Internet zu teilen.

Über alles, was Sie online stellen, haben Sie keine hundertprozentige Kontrolle mehr. Leider kommt es vor, dass Bilder und Videos kopiert und auf negative und kriminelle Art wiederverwendet werden. Identitätsklau,

Mobbing und Missbrauch sind reale Gefahren in der Internetwelt. Demnach seien Sie vorsichtig mit dem, was Sie posten und wie oft Sie Bilder hochladen. Geben Sie Ihren Wohn- und Aufenthaltstort niemals preis. Schützen Sie Ihr Familienleben vor fremden Leuten. Kontrollieren Sie Ihre Privatsphäre-Einstellungen und wählen Sie Social-Media-Seiten, die sich auf das sichere und persönliche Verteilen von Dateien spezialisieren. Nicht jeder soll den Inhalt sehen können. Außerdem: nicht jeder will den Inhalt sehen. Verschwenden Sie nicht öffentlich private Einblicke in Ihr Familienleben an Menschen, die kein Interesse daran haben.

Bevor Sie Texte, Bilder oder Videos online stellen:

Sind Sie wirklich bereit, die privaten Dateien mit der Öffentlichkeit zu teilen? Würden Sie Fremden auf der Straße das Foto Ihres Kindes in die Hand drücken?

Sind Ihre Privatsphäre-Einstellungen tatsächlich sicher? Können ungefragt Videos weitergeleitet werden?

Wie fühlen sich Ihre Kinder später, wenn sie älter sind und auf die Fotos stoßen?

Schützen Sie die Identität und den Aufenthaltsort Ihrer Kinder, indem Sie darauf verzichten, persönliche Informationen preiszugeben?

Heutzutage werden in Onlineforen und anderen Plattformen Erziehungsfragen ausführlich und detailgetreu diskutiert. Wenn Sie zu den Menschen gehören, die sich gerne Rat im Internet holen und Probleme mit anderen erörtern: Achten Sie auf Anonymität und verzichten Sie auf Namen und Details. Auf diese Weise bleibt Ihre Identität und die von Ihren Kindern geschützt.

Extra-Tipp: Sind Ihre Kinder bereits in einem Alter, in dem sie die Tragweite von Social Media begreifen? Verstehen sie, was es bedeutet, im Internet Bilder und Videos hochzuladen und zu teilen? Dann fragen Sie Ihre Kinder immer, ob sie mit dem Posten von Bildern etc., auf denen sie zu sehen sind, einverstanden sind. Selbst wenn Sie das Foto von Ihrer Tochter und ihren Freundinnen beim Prinzessinnenspielen als süß erachten. Ihre Tochter mag das Bild vielleicht nicht, und schämt sich, falls es die Eltern der anderen Kinder online sehen. Oder das Rumalbern Ihres Sohnes vor der Kamera ist lustig für Sie, aber er möchte nicht, dass es die Runde unter seinen Schulfreunden macht.

Beachten sollten Sie: Social Media und andere Internetseiten sind miteinander vernetzt und Dateien sind schnell hin- und hergeschickt. Nehmen Sie Ihrem Nachwuchs nicht das Recht, selbst zu entscheiden, welche Dateien von ihm im World Wide Web zu finden sind. Außerdem lernen Kinder auf diese Weise für die Zukunft, wenn sie selbst aktiv auf Webseiten und Sozialen Netzwerken unterwegs sind: Sie können immer Nein sagen, wenn sie ein bestimmtes Bild oder Video nicht posten möchten, und müssen sich nicht dem Druck der anderen beugen.

Wie läuft das mit
Regeln und Grenzen?

Die Kunst,
Grenzen zu setzen

Verbringt Ihr Kind den größten Teil seiner Freizeit mit Tablet oder Smartphone im Internet, gehen wir nach dem amerikanischen Sprichwort: »If you can't beat them, join them!« (»Wenn du sie nicht besiegen kannst, verbünde dich mit ihnen!«). Dabei besitzt die Eingrenzung der Onlinezeit und das Festlegen von Grenzen oberste Priorität. Regeln aufzusetzen und durchzuhalten ist verdammt schwer. Es ist nervig, es ist anstrengend und manchmal zum Haare raufen. Grenzen setzen bedeutet mitunter, an seine eigenen Grenzen zu stoßen. Nach einem anstrengenden Tag, an dem Ihre Kollegin nervt, zu Hause die Kinder auf dem Sofa herumspringen, Ihr Partner mies gelaunt ist und das Abendessen anbrennt, ist es eine unheimliche Entlastung, das Tablet als Babysitter einzusetzen. Aber auch an eher stressfreien Tagen ist die Versuchung groß, die Kinder an den PC zu setzen.

Um Grenzen zu ziehen, müssen Sie nicht gleich den wütenden Despoten raushängen lassen. Respektvoll und nachsichtig umgesetzt, sind Beschränkungen für Kinder eine wichtige Stütze beim Heranwachsen. Grenzen setzen hat viele Vorteile:

> Klare Strukturen helfen Kindern, Gewissheit im Alltag zu spüren. Das Wissen, was erlaubt ist und was nicht,

gibt Kindern Sicherheit. Feste Regeln und Routinen reduzieren Unsicherheiten und Ängste beim Kind. Nachvollziehbare Leitlinien, zum Beispiel wie lange am Tag das Tablet genutzt werden darf, geben Kindern Halt.

Festlegung von Grenzen lehrt Kinder, geduldig zu sein und zu akzeptieren, dass sich nicht alles in der Familie um sie und ihre Bedürfnisse dreht. Zunächst wird der Nachwuchs enttäuscht sein. Aber sehen Sie dies als Übung, mit Enttäuschungen umzugehen. Dies hilft Kindern, sich später in der Welt zurechtzufinden – dort stehen sie auch nicht automatisch im Mittelpunkt, müssen Rückschläge verkraften und von anderen festgelegte Regeln akzeptieren.

Durch Grenzen sorgen Sie für die Gesundheit Ihres Kindes. Es kann selbst nicht einschätzen, wie belastend das Sitzen vor dem Computer für seine Augen ist, oder dass regelmäßige Pausen vom Tablet nötig sind. Mit Hilfe von vorher festgelegten Regeln haben Sie den Überblick über die Internetaktivitäten Ihres Kindes und verhindern zu ausgiebiges Onlinesein.

Kindliche Gehirne sind noch nicht vollständig entwickelt. Viele Entscheidungen können von ihnen noch nicht durchdacht getroffen werden. Als Eltern fällt Ihnen die Verantwortung zu, in den jeweiligen Situationen zu entscheiden und somit für die Sicherheit und das Wohlergehen Ihres Kindes zu sorgen.

Schränken Sie daher die Zeit ein, in der Ihre Kinder ihr Tablet, Laptop, Computer und Smartphone benutzen dürfen. Überlegen Sie, wie viel Internetnutzung Sie für Ihren Nachwuchs als angemessen betrachten. Folgende Faktoren können Ihnen bei der Entscheidung helfen:

Alter

Ab wann sollen Ihre Kinder das Internet nutzen? Bestimmen Sie ein ungefähres Mindestalter. Gehen Sie aber Ihrem Gefühl nach, ob Ihr Kind bereits für die ersten Schritte online bereit ist. Vielleicht probiert es sein erstes Lernspiel aus, aber muss noch einige Zeit warten, bis es sich an ein Onlinespiel wagt. Sie kennen Ihr Kind am besten. Jedes Kind ist anders und reagiert individuell auf eine App oder ein Spiel. Es ist eine Überlegung wert, Ihr Kind erst das Internet nutzen zu lassen, wenn es über ausreichende Lesekompetenzen verfügt. Denn: Ihr dreijähriger Sohn mag das Tablet problemlos bedienen können, aber den Inhalt und die Texte begreift er noch nicht.

Besonders bei jungen Kindern muss außerdem beachtet werden, dass diese ihren Körper gerade erst kennenlernen und dies schulen müssen. Mit körperlichen Aktivitäten und Berühren von verschiedenen Texturen erweitern sie ihre motorischen Fähigkeiten. Bei zu viel Bildschirmkonsum kommen entwicklungsfördernde Spiele zu kurz. Jeden Tag monoton auf einen glatten Bildschirm zu tippen, lässt keine spielerische Vielfalt und sensorische Erlebnisse zu. Genauso hält es sich mit Computerspielen, die zumeist einem starren Ablauf und Regeln folgen, und somit Kreativität keinen Raum lassen. Auch leidet beim stundenlangen Starren auf das Tablet das Erlernen von Sprache, da Sprachpraxis wenig oder gar nicht geübt wird. Vor allen Dingen junge Kinder brauchen jedoch sprachliche Interaktion für den Ausbau ihrer kommunikativen Fähigkeiten.

Zeitraum

Wie viel Zeit am Tag darf Ihr Kind vor den Geräten verbringen? 30 Minuten? Eine Stunde? Zwei? Für die Festlegung ist das Alter des Sprösslings ausschlaggebend. Eine Richtlinie bietet die »American Academy of Pediatrics« (2016):

Unter 18 Monaten: keine Zeit am Bildschirm.

2 bis 5 Jahre: bis zu einer Stunde am Tag.

Ab 6 Jahren: Eltern setzen Prioritäten und legen die Zeit am Bildschirm fest. Vorrang haben immer Schule, Hausaufgaben, körperliche Aktivität, soziale Kontakte und Schlaf.

Denken Sie daran: Vor dem Bildschirm verfliegt die Zeit im Nu und der Nachwuchs wird eher selten von alleine das digitale Spielzeug weglegen. Behalten Sie deswegen selbst die Zeit im Blick, oder stellen Sie einen Wecker, der Sie beide daran erinnert, dass die Onlinezeit vorbei ist.

Tagesablauf

Skizzieren Sie den Tagesablauf Ihrer Kinder. Auf diese Weise erhalten Sie einen Überblick, was Ihr Nachwuchs tagsüber unternimmt. Notieren Sie, wie viel Zeit die Kinder bei der Tagesmutter, im Kindergarten oder in der Schule verbringen, und wie viele Freizeitaktivitäten sie in der Woche wahrnehmen. Daraus können Sie ablesen: Hält sich die Zeit der Kinder vor dem Computer in Balance mit anderen Unternehmungen und Spiel? Am besten ist es, wenn die Zeit am Bildschirm die kürzeste Aktivität am Tag ist.

Störfaktoren

Bestimmt gibt es Zeiten, an denen es Sie besonders nervt, wenn Ihre Kinder am Smartphone oder am Tablet hängen. Ob morgens beim Frühstück oder beim gemeinsamen Abendessen: Sie machen sich Sorgen, weil Gespräche in der Familie zu kurz kommen. Ihr Kind ist ständig abgelenkt und nicht bei der Sache, weil seine Augen immer auf seinem Smartphone ruhen. Die Schulnoten Ihres Sohnes leiden, weil er statt zu lernen lieber online spielt und chattet. Zudem ärgert es Sie, dass Ihre Tochter sich weigert, den neuen Klassenkameraden zu besuchen. Der Grund: sie kenne nicht das WLAN-Passwort in seinem Haus. Wenn Sie erkennen, zu welchen Zeiten und in welchen Situationen Sie Smartphone und Co als besonders störend empfinden, wird es Ihnen leichter fallen, dafür Regeln aufzustellen und den Gebrauch einzugrenzen.

Regeln

Legen Sie fest, welche Routine, Rituale und Umgangsformen Sie gerne einführen möchten, und was an dem Alltag Ihrer Familie verbessert werden könnte. Folgende Ideen können nach und nach umgesetzt werden: Essenszeit ist Familienzeit und kein Smartphone darf diese Zeit stören. Einmal in der Woche gibt es eine »Medienpause« — keiner benutzt sein Tablet und gemeinsame Aktivitäten stehen auf dem Plan. Unordnung ist passé, da jeder im Haushalt seine Geräte nach Gebrauch aufräumt und Kabel oder Ähnliches nicht herumfliegen dürfen. Morgens vor dem Frühstück und abends vor dem Schlafengehen sind Tablet und Smartphone tabu. Werden die Regeln nicht befolgt, drohen »Surf- und Smartphone-Sanktionen«.

Durchsetzung

Kommen wir zum kniffligen Teil: Welche der festgelegten Regeln werden Sie wirklich durchsetzen? Es sollte Ihnen wert sein, dafür Konflikte und Widerworte in Kauf zu nehmen. Entscheiden Sie sich, und dann lockern Sie das, was Sie sich vorgenommen haben, ein wenig. Bleiben Sie realistisch. Fangen Sie lieber mit kleinen Schritten an, die auf jeden Fall umgesetzt werden, als dass Sie große Reden schwingen und Ihr Kind bald spürt, dass die Ankündigungen und Drohungen heiße Luft sind.

Merkt Ihr Kind, dass die Regeln wage und deren Umsetzung willkürlich sind, wird es diese Regeln ignorieren. Wer könnte ihm das schon übelnehmen?

Ausnahmen

Manchmal mögen Sie aus unterschiedlichen Gründen längere Onlinezeiten erlauben, oder sind einfach nur heilfroh, dass es elektronische Babysitter gibt. Erklären Sie Ihrem Kind, warum Sie es dieses eine Mal erlauben, und dass es sich hierbei nur um eine Ausnahme handelt. Es kann deswegen nicht immer mit längerem Internetkonsum rechnen. Als Erwachsener bestimmen Sie, in welchem Umfang Ausnahmen gemacht werden, und haben das letzte Wort darüber. Aber aufgepasst: Seien Sie sich bewusst, dass Ihnen nächstes Mal womöglich eine größere Diskussion bevorsteht, weil Ihr Kind sich eine weitere Ausnahme erhofft.

Sie als Mutter oder Vater merken am besten, wie viele Minuten vor dem Bildschirm Ihr Kind am Tag verkraftet, und ab wann es mit aufgerissenen Augen zum Zombie mutiert. Je mehr Sie sich damit auseinandersetzen und Ihr Kind beobachten, umso eher erkennen Sie, ab wann es besser ist, den Bildschirm auszumachen. Je nach Tageszeit und Gemütszustand des Kindes kann dies jedoch variieren. Ziehen Sie daraus Konsequenzen, und setzen Sie ein generelles Zeitlimit für Ihre Kinder, welches in manchen extremen Fällen noch verkürzt werden muss.

Wenn Sie verhindern wollen, dass Ihre Kinder Tablets und Laptops benutzen, wann immer sie es wollen: Lassen Sie kein Tablet herumliegen. Wenn man nicht will, dass die Katze Essen stibitzt, darf man die Sahnetorte nicht auf dem Tisch liegen lassen. Ihre Kinder müssen nachfragen, bevor sie die Geräte bekommen. Alternativ: Nur Sie kennen das Internetpasswort und bei jeder Nutzung der Kinder sind Sie für die Eingabe verantwortlich. Hierfür müssen Sie an den Geräten bei den WLAN-Einstellungen eingeben, dass kein automatisches Einwählen des WLANs stattfindet. Somit muss bei jeder neuen Nutzung das Passwort für die WLAN-Verbindung eingegeben werden. Finden Sie heraus, welche Methode Sie für angebracht halten.

Wenn Sie die Verwandtschaft besuchen, ist es ebenfalls Ihre Entscheidung, ob die Kinder Ihre Mobilgeräte mitbringen dürfen oder nicht. Es mag den Kindern nicht gefallen, den Geschichten des Großonkels ausgesetzt zu sein, oder langweilen sich schrecklich beim Anblick des Fotoalbums der Großmutter. Aber die Entscheidung liegt bei Ihnen. Unter uns: Die Wahrscheinlichkeit ist hoch, dass Sie Ihrem Nachwuchs die technischen Geräte erlauben werden. Aus dem einfachen Grund, dass die Sprösslinge weniger quengeln und Sie eher Ihre Ruhe haben. Dann stehen Sie aber dazu und drängeln Ihre Kinder nicht nonstop, das Tablet wegzulegen. Vor allen Dingen nicht, wenn Sie keinerlei Absicht haben, Ihren Willen ernsthaft durchzusetzen.

Kinder von ihren internetfähigen Geräten abzubringen, scheint ab und an wie ein vergeblicher Kampf zu sein. Stellenweise fühlen Sie sich machtlos und überfordert. Gegen das Verlangen Ihrer Kinder nach den neuesten Apps, Onlinespielen und Social-Media-Plattformen anzukommen, ist anstrengend. Sie können nicht mehr zählen, wie oft Sie Ihrem Nachwuchs schon gesagt haben: »Lass es doch für heute«, »Geh endlich draußen spielen«, »Ich habe dir schon gesagt, heute nicht!« Umso wichtiger ist es, klare und leicht verständliche Regeln einzuführen und sie umzusetzen. Auf diese Weise wissen die Kinder, woran sie sind und es entstehen (meistens) keine endlos langen Diskussionen.

Gewiss wird es vorkommen, dass Ihr Kind nicht hören will. Je nach Alter, Temperament und Entwicklungsstufe variieren die Verhaltensweisen von Kindern. Kinder benehmen sich daneben und wollen Grenzen testen. Auf diese Weise lernen sie, wie weit sie gehen können. Wenn es schließlich um die Umsetzung der Regeln geht, bleiben Sie cool und vertrauen Sie darauf: Sie haben mehr Kraft und Durchsetzungsvermögen als Sie sich bisweilen zutrauen. Wie Super Mario und Luigi nehmen Sie Ihre Welt in die eigene Hand und kämpfen sich durch die verschiedenen Herausforderungen.

Der Kampfsport, Grenzen durchzusetzen

Haben Sie erst einmal die Grenzen festgelegt, die Sie für Ihre Kinder vorsehen, kommen wir nun zur Umsetzung dieser. Und hier fängt der Spaß wirklich an. Eins steht fest: Ihr Kind wird keine Freudentänze veranstalten. Besonders, wenn es bis dato gewöhnt war, jeden Tag bis zum Umfallen am Computer zu spielen und pausenlos mit seinen Freunden zu chatten. Von heute auf morgen wird eine radikale Umsetzung der neuen Regeln schwierig sein. Ihre Kinder werden nicht akzeptieren wollen, dass ihre Welt plötzlich auf dem Kopf steht. Besonders, wenn der Nachwuchs seit längerem Bildschirme benutzt, um Langeweile zu bekämpfen oder bei Müdigkeit abzuschalten. Er ist erstmal ahnungslos, wie er ohne Technik seine Freizeit gestalten soll.

Der Schlüssel zum Erfolg ist also, Schritt für Schritt neue Regeln einzuführen. Stehen Sie Ihrem Kind zur Seite, wie es lernen kann, sich ohne technische Geräte zu beschäftigen und abzuschalten. Erklären Sie Ihrem Kind, dass Sie ab jetzt nicht mehr möchten, dass es seine komplette Freizeit vor Tablet und Co verbringt. Führen Sie Ihre Gründe auf, aber erwarten Sie nicht, dass Ihr Kind diese sofort versteht, oder von alleine danach handelt. Wenn Sie viel Glück haben, wird es Ihr Kind verstehen, wenn es älter ist und sein Auszug aus dem elterlichen Haus ansteht.

Haben Sie jetzt Ihr Kind innerlich vor Augen, wie es sich schreiend auf den Boden schmeißt? Mit einer hohen Wahrscheinlichkeit liegen Sie richtig in der Einschätzung seiner Reaktion. Wie setzen Sie sich also durch? Wie schaffen Sie es, durchzuhalten und nicht wieder den Forderungen des Nachwuchses nachzugeben? Und: Wie streng müssen Sie sein?

Zuerst einmal: Lassen Sie sich von Tränen und Treten nicht beirren. Ihr Kind wird es aushalten, nicht zu jeder erdenklichen Zeit online gehen zu dürfen. Eine Weile auf Internet und Computer zu verzichten, ist nicht das Ende der Welt — auch wenn es sich für Ihren Nachwuchs zunächst so anfühlt. Selbst wenn es manchmal schwer ist: Bleiben Sie ruhig, wenn Ihr Kind unzufrieden oder sauer wird. Je wütender und lauter Sie auf den Gefühlsausbruch des Kindes reagieren, umso mehr schaukelt sich die Situation hoch. Sie kennen das: In einer Sekunde ist Ihr Kind das liebste und ausgeglichenste Geschöpf, das Ihnen jemals untergekommen ist, und in der nächsten verhält es sich wie ein kleiner Satansbraten. Es gibt viele Gründe, warum Ihr Kind gerade heute, und zwar in diesem einen Moment, so extrem reagiert, wie es reagiert: Ihr Kind befindet sich in einer Entwicklungsphase. Es ist möglicherweise übermüdet oder hungrig. Es ist eigentlich mit anderen Problemen beschäftigt, oder es versteht nicht, was Sie von ihm wollen. Atmen Sie tief durch und erinnern Sie sich, dass es viele Gründe gibt, warum sich Ihr Kind in diesem Moment auf dieser emotionalen Ebene positioniert.

Wie Sie sich in dieser stressigen und emotional aufgewühlten Situation verhalten, lehrt Ihren Nachwuchs den Umgang mit Streit und Schwierigkeiten. Kinder haben sich diese Fähigkeit der Konfliktbewältigung noch nicht aneignen können. Sie lernen von uns ihr soziales Verhalten. Wenn Sie Ihre Kinder mit Schlägen bestrafen, wundern Sie sich nicht, wenn Ihr Nachwuchs in der Schule um sich haut, seine Geschwister schlägt und genauso vor Ihnen keinen Halt macht. Auch durch Internetkonsum und Onlinespiele sind sie der Zurschaustellung von Gewalt und Konflikten ausgesetzt. Kinder imitieren diese, ohne sich dessen Auswirkungen bewusst zu sein. Umso bedeutsamer ist es, in stressigen Situationen selbst ruhig zu bleiben. Nur auf diese Weise können Sie Ihren Kindern für zukünftige Konflikte vorleben, wie sie stressfrei und besonnen Lösungen finden.

Ist Ihr Kind außer Rand und Band, weil Sie ihm das Internet untersagen, versuchen Sie es mit den folgenden Schritten:

Wenden Sie sich Ihrem Kind zu. Begeben Sie sich mit dem kleinen Schreihals auf Augenhöhe. Stellen Sie Augenkontakt her.

Berühren Sie Ihr Kind an der Hand, am Arm oder an der Schulter. Ziel ist es, auf eine ruhige Art die Aufmerksamkeit Ihres Kindes zu erlangen.

Wird Ihr Kind laut und schreit, möchte es im wahrsten Sinne des Wortes gehört werden. Sprechen Sie aus, was Ihr Kind Ihnen mitteilt. Signalisieren Sie, dass Sie verstanden haben, was es beschäftigt. Es muss seine Botschaft nicht »herausbrüllen«. Auch bei weniger lautstarken Sprösslingen: Wiederholen Sie, was das Kind Sie wissen lassen will.

Hat sich Ihr Kind etwas beruhigt, sagen Sie als nächstes klar und deutlich an, was Sie nun möchten und wie es weitergeht. Erinnern Sie Ihr Kind an vorherige Abmachungen. Fassen Sie sich kurz. Je verständlicher Sie sich für das Kind ausdrücken, umso schneller kann es sich auf Ihre Äußerung einstellen.

Wenn möglich, bieten Sie Ihrem Kind Alternativen an.

Hier einige Beispiele:

»Du bist wütend, weil du dich den ganzen Tag auf dein Onlinespiel gefreut hast und ich dir das Spielen jetzt verbiete. Das verstehe ich. Aber deine Großeltern kommen heute Abend und ich möchte, dass du eine Stunde Zeit mit ihnen verbringst. Nach ihrem Besuch darfst du spielen, bis es Zeit zum Schlafengehen ist.«

»Ich habe auch Lust darauf, mich einfach hinzusetzen und meine Ruhe zu haben, aber die Küche und dein Kinderzimmer müssen aufgeräumt werden. Wie wäre es, wir machen beides gleichzeitig? Danach gucken wir uns zusammen Videos auf deiner Lieblingsplattform an.«

»Ich weiß, dass du heute lange Schule hattest und erschöpft bist. Du willst dich gerne gleich auf die Couch legen und auf deinem Tablet browsen. Trotzdem isst du erst mit uns zusammen. Wenn wir gemeinsam fertig gegessen und aufgeräumt haben, darfst du eine halbe Stunde Computerspiele spielen.«

»Du bist nicht müde und möchtest weiter mit deinen Freunden chatten. Aber du kennst die Regel, an die sich auch deine Geschwister halten müssen: Eine Stunde vor dem Schlafengehen wird das Smartphone ausgemacht. Morgen früh darfst du wieder an dein Handy.«

Auch wenn Sie genervt sind, weil Ihr Kind zum gefühlten millionsten Mal seine Zeit am PC überschreitet: Vermeiden Sie es, Ihrem Kind ohne Vorwarnung das Tablet aus der Hand zu reißen, oder beim Computer den Bildschirm auszuschalten. Sie würden so eine abrupte Handlung auch nicht mögen, oder? Am besten lassen Sie Ihr Kind rechtzeitig vorher wissen, dass seine Internetzeit zu Ende geht. Ob dies zwanzig oder ein paar Minuten davor sind, können Sie mehrmals ausprobieren und schließlich festlegen. Vielleicht hilft es Ihrem Kind, zwei Mal erinnert zu werden, dass es demnächst das Smartphone zur Seite legen muss.

Bei allen guten Vorsätzen: Brennen Ihnen doch einmal die Sicherungen durch und Sie schreien mit Ihrem Kind um die Wette, versuchen Sie sich so bald wie möglich zu bremsen. Sich in seiner Wut selbst regulieren zu können ist nicht immer einfach — fragen Sie mal Ihr Kind. Sagen Sie Ihrem Nachwuchs, dass Sie wütend und gestresst sind, und dass es besser ist, wenn Sie sich beide erstmal beruhigen. Später können Sie über alles reden. Akzeptieren Sie, dass es manchmal keine sofortige Beilegung des Konfliktes gibt. Ihr Kind und Sie selbst bleiben zunächst emotional aufgewühlt. Sehen Sie ein, wenn Ihr Kind nach einem Streit allein gelassen werden will. Es hat ein Recht darauf, sich von selbst zu beruhigen und runterzukommen. Wir als Erwachsene brauchen hin und wieder Abstand, und Kindern geht es nicht anders.

Haben Sie sich im Ton vergriffen und bereuen dies: Auch Sie als Erwachsener können sich bei Ihrem Kind entschuldigen, wenn Ihr Verhalten nicht in Ordnung war. So lernt Ihr Nachwuchs, wie man zu seinen Fehlern steht und wie man handelt, um eine Auseinandersetzung im Nachhinein zu klären. Fragen Sie Ihr Kind, wie es den Konflikt empfunden hat. Wie hat es sich gefühlt? Wie können Sie und Ihr Kind solche Situationen in der Zukunft vermeiden? Streit ist nicht gerade eine der schönen Familienaktivitäten, aber ab und zu kommt es dazu. So schlimm manche Auseinandersetzungen sein mögen, sie gehen vorbei. Letztendlich ist eine gute Beziehung zueinander, bei der Konflikte geklärt werden können, das Wichtigste.

Bonusrunde:
Grenzen unter Geschwistern

Bei Geschwistern Grenzen zu setzen und durchzusetzen verlangt nach viel Fingerspitzengefühl. Schnell fühlt sich ein Kind benachteiligt und unfair behandelt, und lässt seine Frustration am Umfeld aus. Haben Sie mindestens zwei Kinder, kennen Sie bestimmt genügend Situationen, in denen sich beide um ein Tablet streiten, oder der eine den anderen beschuldigt, seine Bonuspunkte im Onlinespiel gelöscht zu haben. Die Kleinen klauen den Großen die Geräte, und die Großen holen sie sich mit der Macht des Stärkeren zurück. Interessanterweise liegt der Fokus der Sprösslinge dabei immer auf den gleichen Geräten, egal, wie viele Alternativen noch zur Verfügung stehen. Gegenseitige Vorwürfe schaukeln sich zu einem Schreikonzert oder Ringkampf hoch, und meist enden sie in Tränen (ob echte oder Krokodilstränen ist je nach Situation verhandel- und austauschbar). Mit wem lässt es sich sonst so gut streiten und zoffen wie mit Bruder und Schwester? Noch besser, wenn Mutter und Vater als Schiedsrichter miteinbezogen werden, um sie mit »Er hat angefangen« und »Sie war's!« zu beeinflussen.

Manche potentiellen Konflikte können verhindert werden, wenn man vor der Entstehung rechtzeitig Entscheidungen trifft. Überlegen Sie sich im Vorfeld, ob jedes der Geschwister ein eigenes internetfähiges Gerät besitzen soll. Einerseits ist es nur gerecht, wenn beide ein Tablet besitzen, andererseits ist der Altersunterschied eventuell noch zu groß. Möglicherweise wollen Sie verhindern, dass der Jüngere im gleichen Maße Zugriff auf die Spiele hat wie seine große Schwester. Vielleicht entscheiden Sie sich dafür, dass sich beide ein Tablet teilen müssen, oder dass es nur einen Computer oder ein Tablet für alle im Haushalt gibt. Im letzteren Fall sind feste Zeiten, wer das Gerät wann wie lange benutzen darf, oder wer wann bestimmt, welches Spiel gespielt wird, so wichtig wie das Betätigen der Klospülung. Sonst gibt es großen Stunk.

Praktische Ideen für Geschwister:

Ermuntern Sie Ihre Kinder, bei Computerspielen als Team gegen den PC zu spielen, anstatt als Konkurrenten gegeneinander. Auch Puzzle und Rätsel kann man online gemeinsam lösen.

Hören Geschwister trotz vorheriger Verwarnung nicht auf, sich um ein Gerät zu streiten, wird es konfisziert. Erklären Sie Ihren Kindern, dass Beziehungen wichtiger sind als Besitz, und wenn diese technischen Geräte ständige Streitereien auslösen, kommen sie eben weg.

Fördern Sie andersartige Aktivitäten. Besonders geeignet: Bewegung und Spiel an der frischen Luft. Ob sie auf den Spielplatz laufen, spazieren gehen oder Radschlagen üben: Draußen aktiv zu sein hilft Kindern immens, sich auszupowern. Energien, die sie sonst für

Streitereien eingesetzt hätten, gehen auf andere Weise verloren.

Wenn sich Geschwister streiten, weil einer immer wieder heimlich das Smartphone des anderen benutzt, lassen Sie Ihr Kind ein Passwort einstellen. Sobald sein Geschwisterchen merkt, dass es keinen Zugriff auf das Handy hat, verliert das Gerät früher oder später seinen Reiz.

Konflikte unter Geschwistern zu lösen, setzt voraus, dass Sie als gutes Beispiel vorangehen. Wenn Sie sehen, dass Ihre Kinder sich heftig um ein Tablet streiten, und sich dabei auf das Übelste beschimpfen, sich gegenseitig schubsen oder anderweitig verletzen, greifen Sie ein. Passiv zu bleiben und in solch einer Situation Ihre Kinder »einfach mal machen zu lassen«, lehrt sie, dass es in Ihrer Familie in Ordnung ist, andere emotional und körperlich zu verletzen.

Verläuft der Streit jedoch in ruhigen Bahnen und eskaliert nicht, warten Sie ab, ob sich Ihre Kinder von alleine beruhigen und sich auf einen Kompromiss ohne Hilfe von außen einigen können. Falls ja, loben Sie sie und sagen Sie ihnen, dass Sie sehr stolz auf sie sind. Das Gleiche gilt für Konflikte, in die Sie eingreifen müssen, aber in denen die Kinder selbst eine Lösung finden und sich wieder vertragen.

Haben Sie immer Geduld: Je nach Alter, Entwicklungsstufe, Charakter und Erfahrungswerten der Kinder ändert sich deren Konfliktverhalten und Lösungskompetenz. Kein Kind ist wie das andere. Dynamiken ändern sich zwischen Geschwistern. An einem Tag sind sie großzügig zueinander. Am nächsten Morgen schreien sie sich an, weil der eine den anderen schief angeguckt hat. Trösten Sie sich also: Das Tablet, um das sich heute noch gestritten wird, liegt morgen unberührt in der Ecke. So ändert sich alles. Genießen Sie die Momente, in denen alle friedlich nebeneinander an einem Computer spielen, oder freiwillig ihre Tablets und Smartphones ausleihen. Die Wahrscheinlichkeit ist hoch, dass diese Harmonie nicht lange andauert. So ist das mit unwiderstehlichen und heißbegehrten Spielzeugen.

Zusammenhalt der Eltern

Als Eltern eine Einheit bilden

Susanne läuft lieber zu ihrer Mutter, wenn sie auf dem Tablet spielen möchte. Ihr Vater ist strenger und erlaubt es ihr nicht, an Schultagen online zu gehen. Susanne achtet nun darauf, dass ihr Vater nicht in der Nähe ist, wenn sie online spielen geht.

Justin ist gestresst. Er versteht nicht, warum seine Mutter ihm das Smartphone wegnimmt: »Papa hat es mir aber erlaubt!« Meistens gibt seine Mutter nach und er chattet zufrieden mit seinen Kameraden weiter.

Patricia sieht nicht ein, warum sie auf ihr Onlinespiel verzichten soll, wenn sich nicht einmal ihre eigenen Eltern einig sind, wie lange sie online sein darf. Warum sollte ihr abendliches Zocken denn schaden, wenn sie doch irgendwann so schön vor Müdigkeit vor dem Laptop einschläft?

Wenn die Tochter weinend zum Papa rennt, weil Mama ihr das Tablet abgenommen hat, und ihr Vater sie nun mit seinem Laptop online spielen lässt, ist das keine konsequente Erziehungsstrategie. Wer möchte nicht lieber bei seinen Kindern der Gute sein, anstatt den Bösen zu spielen? Dies untergräbt aber nicht nur die Erziehung des Partners, sondern auf Dauer auch Ihre eigene. Bilden Sie als Eltern eine Einheit. Eine klare gegenseitige Absprache erleichtert vieles. Willkürlich festgelegte und halbherzig durchgesetzte Grenzen verunsichern Kinder und veranlassen sie dazu, die Aussagen der Eltern anzuzweifeln. Kinder nutzen zudem die Uneinigkeit, um ihre Erziehungsberechtigten gezielt zu lenken und gegeneinander auszuspielen. Der Nachwuchs spürt, wenn sich die Erwachsenen uneins sind. Sie als Eltern können wetten, dass Kinder dieses Wissen einsetzen, um ihren Willen zu bekommen. Legen Sie deshalb gemeinsam fest, welche Regeln Sie und Ihr Partner für Ihren Nachwuchs im Umgang mit technischen Geräten und dem Internet als wichtig erachten.

Was machen Sie, wenn Ihre Frau oder Ihr Mann nicht die gleichen Ansichten vertritt wie Sie? Wenn es Ihrem Partner nichts ausmacht, dass die Kinder von früh bis spät online Zeit verbringen? Wenn Ihre Partnerin ein absolutes Internetverbot als unumstößlich betrachtet, während Sie dem Nachwuchs gerne eine Stunde täglich erlauben würden? Wenn Sie ein Computerspiel verbieten, weil die Kinder nicht gehört haben, und Ihr Partner die Sprösslinge wieder spielen lässt?

Es ist normal, unterschiedliche Ansichten über Erziehungsfragen zu besitzen. Die Frage ist, wie Sie am besten damit umgehen. Hören Sie Ihrem Partner geduldig zu, und versuchen Sie, die Perspektive des anderen zu verstehen. Klären Sie, welche Webseiten und Computerspiele erlaubt sind, und welche Zeiten gelten, bevor Konflikte mit Ihrem Nachwuchs entstehen. Hatten Sie die Zeit und Ruhe, diese Streitpunkte zu besprechen und Vorschriften festzulegen, fällt es Ihnen leichter, dies bei Ihren Kindern durchzusetzen. Auf diese Weise wissen

Sie, dass Ihr Partner auf Ihrer Seite ist. Ihre Sprösslinge haben somit keine Chance, eine mögliche Uneinigkeit auszunutzen.

Wenn nötig, trauen Sie sich, Entscheidungen zu treffen, die Sie noch nicht mit Ihrem Partner besprochen haben. Gleichzeitig bedeutet dies, dass Sie dem anderen zutrauen, dass er auch ohne Sie eine angemessene Entscheidung treffen kann. Unterstützen Sie Ihren Partner immer, wenn er vor den Kindern eine Ansage gemacht hat. Selbst, wenn Sie es anders sehen. (Selbstverständlich handelt es sich hier nicht um größere Problemfälle. Wenn Sie sich wirklich fundamentale Sorgen über den Erziehungsstil Ihrer Frau oder Ihres Mannes machen, müssen Sie dies dringend ohne Kinder besprechen.)

Ihre Tochter hat eine Eins in der Klassenarbeit nach Hause gebracht und fragt nun, ob sie sich zwei neue Computerspiele aussuchen darf. Ihnen stehen zwar die Haare zu Berge, aber Ihr Mann hat bereits zugestimmt und das Portemonnaie herausgeholt. Auch wenn Sie glauben, dass dies eine falsche Entscheidung war, respektieren Sie sie und fallen Sie dem anderen Elternteil nicht in den Rücken. Zum einen verwirrt es Kinder, wenn unterschiedliche Grenzen aufgezeigt werden, zum anderen verunsichert es sie, am Ende streitende Eltern vor sich zu haben. Das schlimmste Szenario für die Eltern: Die Erwachsenen lassen sich durch einen stundenlangen handfesten Streit über den Internetumgang ihres Kindes ablenken, während selbiges in der Zeit vor seinem Laptop hockt und Onlinespiele zockt.

Seien Sie sich als Eltern einig, später uneinig sein zu können. Besprechen Sie lieber die Entscheidung Ihres Partners unter vier Augen. Am besten, wenn Sie beide beruhigt und offen dafür sind, alles Weitere zu besprechen. Lassen Sie Ihre Frau oder Ihren Mann aussprechen und unterbrechen Sie sie oder ihn nicht. Versuchen Sie eine Lösung für die Zukunft zu finden, mit der beide einverstanden und zufrieden sind. Hilfreich ist es hierbei, darauf zu achten, welche Angelegenheit dem anderen Elternteil besonders am Herzen liegt. Möchten Sie es Ihrem Kind erlauben, seinen ersten Social-Media-Account zu eröffnen, aber Ihr Partner zögert noch? Sagen Sie ihm, dass Ihr Gefühl Ihnen sagt, dass Ihr Sohn bereit dafür ist. Sie trauen ihm zu, dass er mit seinem Internetprofil verantwortungsbewusst umgeht. Ergreifen Sie aber nicht sofort Partei. Bleiben Sie offen für alternative Ideen und Kompromisse. Zum Beispiel: Sie warten mit der Eröffnung eines Accounts noch bis zum nächsten Geburtstag Ihres Kindes. So können Sie sichergehen, dass Ihr Partner ebenfalls aufgeschlossen bleibt und Ihre Vorschläge weiterhin miteinbezieht. Letztendlich geht es schließlich beiden Elternteilen darum, das Beste für ihre Kinder zu tun, und nicht, einen Streit zu entfachen.

Als Ex-Partner eine Einheit bilden

Sie sind wütend. Es ist immer das Gleiche: Nach einem Wochenende bei ihrem Vater kommt Ihre Tochter mit glasigen Augen nach Hause. Bei ihm darf sie stundenlang am Tablet spielen und mit ihren Freundinnen chatten. Ihr Ex-Mann regt sich auf, weil Sie seiner Meinung nach das Kind zu streng behandeln. Laut ihm wird seine Tochter zur Außenseiterin, wenn sie nicht regelmäßig auf Social Media und an Onlinespielen teilnimmt. Verschiedene Erziehungsansichten und Einstellungen zum Internetkonsum können bereits in stabilen Beziehungen für eine Menge Zündstoff sorgen. Eine gezielte Absprache über das Onlinespiel- und Internetverhalten der Kinder ist nicht immer möglich bzw. nicht gewollt bei getrennten Elternpaaren. Haben Sie ein entspanntes und freundschaftliches Verhältnis zueinander, wird Ihnen eine Vereinbarung mit Ihrem Ex-Partner vermutlich leichter fallen. Anders sieht es bei konfliktgeladenen Beziehungen aus. Sind Sie und Ihr ehemaliger Partner nicht gut aufeinander zu sprechen, und haben das Gefühl, der Vater oder die Mutter des Kindes will Ihre Wünsche nicht respektieren, wird das Vorhaben, sich gemeinsam zu einigen, um einiges problematischer.

Einfache Lösungen gibt es bei diesen Konstellationen zumeist nicht. Jede Beziehung oder Nicht-Beziehung mit einem Ex-Partner ist anders und verändert sich mit der

Zeit. Sie haben bestimmt bereits einige Versuche unternommen, um das Gespräch mit dem Ex-Partner zu suchen und Kompromisse zu verhandeln. Falls nicht, überwinden Sie Ihren inneren Widerstand und probieren Sie es zumindest. Leider ist eine gute und verständnisvolle Kommunikation in manchen Fällen, egal wie oft Sie es versuchen, ein Kampf gegen Windmühlen. Wenn Sie und Ihr Ex-Partner sich in keiner Weise einig werden können, wird Ihr Kind lernen müssen, dass in jedem Haushalt andere Regeln gelten. Diese müssen jeweils befolgt werden. Rechnen Sie mit sehr viel Widerwillen Ihres Kindes: »Bei Mama darf ich das!«, oder »Du bist so blöd, Papas Freundin erlaubt es mir immer!« — und das mag noch harmloser Widerstand sein.

Seien Sie verständnisvoll: Nach einer Trennung ist die neue Lebenssituation für Kinder stressig. Eine gewisse Umgewöhnungszeit muss stattfinden, bevor die neue Lebenssituation in den Alltag übergeht. Trotzdem können Sie zeigen, dass Ihre Entscheidungen nicht zur Diskussion stehen. Sie sind unbeeindruckt davon, wie lange Ihr Kind bei Person XY online sein darf: Bei Ihnen gelten Ihre Regeln.

Die Uneinigkeit zwischen Ex-Partnern kann sich zusätzlich verschärfen, wenn es neue Partner im Leben des Elternpaares gibt, die einen wichtigen Platz im Leben der Kinder einnehmen. In den meisten Fällen beteiligen sie sich ebenfalls an der Erziehung. Die Stiefmutter möchte nicht als der böse Drache gelten und setzt dem grenzenlosen Surfen kein Ende; der Stiefvater traut sich nicht,

Nein zu den Wünschen des Kindes zu sagen, und kauft ihm eine Geschenkkarte mit Guthaben für neue Apps. Auch Stiefgeschwister können an einen anderen Umgang mit dem Internet und Onlinespielen gewöhnt sein. Ohne einen Kampf wollen sie diesen Status nicht aufgeben. Warum sollten sie plötzlich zu bestimmten Zeiten auf ihr Tablet verzichten? Oder ihr Smartphone zur Essenszeit weglegen? Nur weil Mamas neuer Freund das so will?

Reden Sie mit Ihrem neuen Partner über Erziehungsmethoden. Beziehen Sie dabei die Ideen und Vorstellungen des anderen mit ein. Wenn möglich, zeigen Sie sich als Paar offen dem anderen Elternteil des Kindes gegenüber. Signalisieren Sie, dass Sie gemeinsam seine Wünsche miteinfließen lassen wollen. Fahren Sie eine klare Linie in Ihrer Patchworkfamilie, und seien Sie gleichermaßen gerecht zu Ihren Kindern und Stiefkindern.

Absprache mit
Familie und Freunden

Daheim internetfrei, bei anderen online

Opa Rüdiger verschenkt jedes Jahr zu Weihnachten Tablets, Großtante Magdalena schimpft über die neueste Technik, und Babysitterin Miranda ermutigt die Kinder zum Spielen auf dem Smartphone. Familie, Freunde und andere Aufsichtspersonen eines Kindes haben ihre eigenen Vorstellungen, wie der Umgang mit dem Internet aussehen sollte. Ihre Überzeugungen vertreten sie mehr oder weniger lautstark. Sie als Eltern mögen Frust empfinden, wenn Sie sich zuhause in alle Richtungen biegen, um Ihr Kind vor dem ständigen Onlinesein abzuhalten, während die Großeltern ihren Enkelkindern den Wunsch erfüllen, konstant online zu sein oder Computerspiele zu spielen. Nicht nur, dass Ihr Nachwuchs somit die Zeit ausgiebig nutzen kann, online zu sein: Kommt das Kind vom Wochenendbesuch von Oma und Opa zurück, will es sich seine Freiheit, ständig online gehen zu dürfen, aufrechterhalten. Folglich ist das Geschrei und Gepolter groß.

Die meisten Familienmitglieder oder Freunde möchten sich nicht mit der Erziehung des Kindes auseinandersetzen. Sie wollen, dass sich die Kinder wohlfühlen und Spaß haben. Vielleicht finden sie häufigen Internetkonsum auch völlig in Ordnung und sehen nicht ein, warum Grenzen dafür gesetzt werden sollten. Wenn auch andere Menschen lockerer mit dem Internetkonsum umgehen und es Ihren Kindern erlauben: Es gelten weiterhin die gleichen Regeln in Ihrem Haushalt. Lassen Sie sich nicht verwirren, wenn Sie erzählt bekommen, dass Ihr Sohn bei dem Besuch von Freunden oder Verwandtschaft die ganze Zeit vor dem Bildschirm hing. Es ist nicht verwunderlich, dass er es ausnutzt, wenn ihm die Technik uneingeschränkt zur Verfügung steht. Ärgern Sie sich nicht, dass der Onkel oder die Oma keine Grenzen gesetzt haben und andere Ansichten vertreten als Sie. Oder dass die Nachbarsfamilie es erlaubt hat, dass Ihr Kind bei der Übernachtung mit Tablet in der Hand einschläft. Im Gegenteil. Gönnen Sie Ihrem Kind, dass es sich austoben konnte und andere Erfahrungen gemacht hat. An seinem Alltag ändert dies nichts. Daheim wird Ihr Kind sich wieder an Ihre Abmachungen halten müssen, und dadurch sinkt seine Onlinezeit wieder erheblich.

Bleiben Sie daher ruhig und konsequent, wenn Ihre Kinder Schwierigkeiten haben, sich wieder »umzustellen«, oder Ihre Regeln zu akzeptieren; egal, wie oft sie Ihnen vorwerfen, »gemein«, »unfair« oder »doof« zu sein. Interpretieren Sie das Geschimpfe als Begeisterung, und freuen Sie sich, die blödeste Mutter oder der bescheuertste Vater der Welt zu sein. Die Medaille geht diesen Tag wieder einmal an Sie! Tragen Sie die Auszeichnung mit Stolz. Spätestens heute Abend oder morgen früh wird Ihnen die Ehre wieder genommen.

Unerwünschte Fotos im Internet

Stolze Onkel und enthusiastische Tanten stellen ununterbrochen Videos und Fotos von ihren Nichten und Neffen ins Netz. Freunde zeigen auf Social Media jede Minute, wie toll ihre Kinder zusammen mit anderen Kindern spielen. Die Großeltern freuen sich, die ersten Schritte ihres Enkelkindes auf Videos zu sehen. Die heutige Technik ruft förmlich zum Versenden von Bildern und Videos auf. Aber auch hier gilt: Wenn Sie nicht einverstanden sind, dass Ihre Kinder auf Social-Media-Plattformen zu finden sind, lassen Sie dies Ihre Verwandten und Freunde wissen.

Seien Sie jedoch gewarnt: Die Reaktionen auf Ihren Entschluss variieren zwischen Verständnis und heftigem Kopfschütteln. Viele sind erstaunt, manche bezeichnen Sie als paranoid, oder werfen Ihnen vor, päpstlicher als der Papst zu sein, weil Sie Ihre Kinder nicht im Internet sehen möchten. Stehen Sie darüber. Andere müssen Ihre Entscheidungen nicht gutheißen, und Sie müssen sich nicht rechtfertigen. Jede Familie findet für sich den eigenen Weg. Falls jemand bereits Fotos oder Videos von Ihrem Kind online gestellt hat, bitten Sie die Person, diese aus dem Netz zu nehmen. Wenn Ihre Bitte ignoriert wird, haben Sie die Möglichkeit, bei der Social-Media-Plattform eine Beschwerde einzulegen. Oftmals geht dies mit ein paar Klicks, und mit etwas Geduld entfernt die Webseite das Material.

Ganz auf Videos und Fotos Ihrer Kinder müssen Ihre Freunde und Familie nicht verzichten: Lassen Sie alle wissen, dass es auch andere, sicherere Optionen gibt. Gehen Sie beim Datenaustausch Kompromisse ein. Nutzen Sie Anbieter, die das Verschicken von Dateien so sicher wie möglich machen. Schützen Sie Onlinealben mit sicheren Passwörtern. Versenden Sie Bilder und Videos lieber in privaten Nachrichten, anstatt sie öffentlich zu posten. Auf diese Weise können sich Familie und Freunde weiterhin an Videos und Fotos erfreuen, und zwar ohne sie öffentlich zugänglich zu machen.

Technische Geräte als Geschenke

Onkel Alberto und Tante Beatrice wollen ihrer Nichte das neueste Tablet kaufen. Schließlich redet Patricia von nichts anderem mehr, und alle ihre Freundinnen besitzen auch eins. Der Geburtstag von Louis steht nächsten Monat an und sein Patenonkel stöbert die neuesten Prospekte durch. Welches Geschenk verspricht dabei den meisten Spaß? Das aktuelle Smartphone.

Technik steht in der Beliebtheitsskala von Geschenken weit oben. Was aber, wenn Sie genau diese Überflutung von Handys, Tablets und anderen technischen Geräten vermeiden wollen? Wenn es Ihnen möglich ist, sprechen Sie vor einem Kauf mit Ihren Verwandten. Bitten Sie sie, mit Ihnen immer im Voraus solche Entscheidungen abzusprechen. Ist das Gerät erst einmal verschenkt, ist es sehr schwer, aus der Zwickmühle herauszukommen. Es ist nicht die feine Art, ein Geschenk abzulehnen, welches für Ihr Kind gedacht ist. Was können Sie also tun, wenn es bereits verschenkt wurde? Nehmen Sie das Geschenk dankend an. Schließlich will die Verwandtschaft Ihrem Kind eine Freude bereiten.

Erinnern Sie sich daran, dass Ihr Kind das Tablet gerne behalten kann, solange es sich an die Regeln hält. Möglich ist auch, dass Ihr Kind das geschenkte Gerät nur bei denen benutzen darf, die es verschenkt haben. Wenn Patricia also bei Tante Beatrice und Onkel Alberto zu Besuch ist, darf sie ihr Tablet benutzen wie sie mag. Jetzt haben

Onkel und Tante den Spaß, ihre Nichte von dem Tablet abzulenken, falls es ihnen wichtig ist, Zeit mit ihr zu verbringen.

Soziales Miteinander

Online-Wellnessurlaub bei Oma und Opa

Oma Judith und Opa Robert freuen sich seit Wochen auf ihre Enkelkinder. Die Großeltern malen sich tagelang aus, welche Aktivitäten sie mit ihrer Enkelin und ihrem Enkel unternehmen können, und wie sie beim gemeinsamen Spiel lachen und Spaß haben. Doch kaum sind Sabrina und Manuel im Haus angekommen, fragen sie nach dem WLAN-Passwort. Sobald eine Steckdose gefunden ist, laufen ihre Tablets und Notebooks warm. Nach einem Tag voller Onlinespiele, Social Media und gescheiterter Ansprechversuche, sind Robert und Judith ratlos. »Mama und Papa erlauben es aber!«, klingelt in ihren Ohren. Ihnen wird klar, dass sie das Wochenende Überzeugungsarbeit leisten müssen, damit ihre Enkelkinder hin und wieder ihre Tablets aus den Händen legen. Sie sehen sich machtlos gegenüber den Geräten.

Wenn Eltern das konstante Onlinesein ihrer Kinder nichts ausmacht, warum müssen Großeltern den Kampf der Erziehung auf sich nehmen und der Miesepeter sein? Wer will schon als altmodischer Spielverderber gelten, besonders, wenn man seine Enkelkinder nur sehr selten sieht. Die Situation macht Opa Robert und Oma Judith traurig. Sie werden das Gefühl nicht los, dass Manuel und Sabrina sich isolieren, und fühlen sich schuldig, dass sie keine Zeit mit ihnen verbringen können. Sie trauern um die Zeit und die Möglichkeiten, sich gegenseitig besser kennenzulernen. Sie sorgen sich: Welche Erinnerungen werden Manuel und Sabrina an ihre Zeit bei Oma und Opa haben, wenn sie nur über ihren Tablets gebeugt die Welt um sich herum vergessen? Dazu kommt noch: Wenn sie daheim bei ihren Eltern die gleichen Spiele und Social-Media-Plattformen besuchen wie bei ihren Großeltern, ist nicht einmal diese Onlinezeit bei Oma und Opa etwas Besonderes.

Ununterbrochen an Mobilgeräten und Computern zu hängen, bewirkt, dass man sich der unmittelbaren Umgebung entzieht und einen Online-Tunnelblick entwickelt. Zwischenmenschliche Beziehungen leiden darunter. In der Internetwelt gefangen, nehmen Kinder das Umfeld nur eingeschränkt wahr. Sie beachten ihre Mitmenschen nicht, und sind oftmals zu sehr von blinkenden Bilder abgelenkt, um bei Gesprächen zuzuhören, in der Runde zu interagieren oder Fragen zu beantworten. Kein Wunder, dass Oma und Opa bei ihrem Besuch enttäuscht sind, wenn ihre Enkelkinder konstant auf ihre Bildschirme starren und nicht ein einziges Mal von ihren Geräten aufblicken.

Es ist wichtig, Kompromisse zu finden beim Gebrauch von technischen Geräten während eines Besuches bei der Verwandtschaft. Opa Robert und Oma Judith wären bestimmt sehr dankbar gewesen, hätten Manuel und Sabrina ihre Smartphones und Tablets daheim gelassen.

Kein digitales Gerät zum Onlinesein bedeutet kein Onlinesein. Allerdings wird es schwer sein, Ihre Kinder davon zu überzeugen, einen »digitalen Detox« während eines Besuches zu verrichten. Und wehe, wenn der Nachwuchs herausfindet, dass Sie heimlich seine Tablets aus der Reisetasche genommen haben!

Einigen Sie sich zum Beispiel darauf, dass Ihre Kinder nur ein Mobilgerät mitnehmen und auf ihre Großeltern hören, wenn diese eine Internetpause verlangen. Besprechen Sie das am besten vorher mit den Großeltern ab. Auch die Kinder müssen eingeweiht werden, welche Regeln gelten und was sie zu Hause erwartet, wenn sie diese nicht einhalten. Zwar mögen die Kinder trotzdem bei dem Besuch bei Oma und Opa ihre Grenzen austesten wollen, aber die Gastgeber wissen zumindest, dass sie Papa und Mama auf ihrer Seite haben.

Wenn Gäste da sind

Endlich ist Matteos Verwandtschaft aus der Schweiz eingetroffen! Seit Jahren waren sie nicht mehr zu Besuch da. Matteos neunjähriger Sohn Louis ist allerdings alles andere als begeistert. Langweiliges Gerede zwischen den Erwachsenen und stundenlanges Verkünden, »wie groß Louis schon geworden ist«: Louis kann es nicht mehr hören. Lieber vergräbt er sich in sein Onlinespiel, ignoriert alle Anwesenden und lässt Tanten und Onkel nur noch seinen Hinterkopf bewundern.

Auch wenn es Sie ärgert, dass die Umgangsformen Ihres Kindes zum Fenster herausgeflogen sind: Seien Sie nicht zu streng. Sie haben schließlich entschieden, wann der Besuch kommt und nicht Ihr Kind. Daher sollten Sie nachsichtig sein, wenn Ihr Sohn sich nicht stundenlang als Beschäftigung für den Besuch hergeben mag, oder Ihre Tochter andere Pläne hat, als pausenlos bei den Erwachsenen zu sitzen.

Gleichzeitig ist der Wunsch verständlich, dass Ihre Kinder ein gewisses Maß an Benimmregeln einhalten sollen. Im Falle eines Besuches soll sich Ihr Nachwuchs nicht sofort hinter den digitalen Geräten verkrümeln. Besonders, wenn es sich um Besuch handelt, der das Kind lange nicht gesehen hat und am liebsten viel Zeit mit ihm verbringen möchte. Generell ist es angebracht, ein Auge auf das Sozial- und Onlineverhalten Ihrer Kinder zu werfen, und manchmal eben nachzuhelfen. Auf diese Weise lernen Kinder Umgangsformen für jetzt und für später in ihrem Leben. Gerade in einer Welt voller E-Mails und Chat-Nachrichten ist soziale Interaktion immer mehr in den Hintergrund geraten. Wir schauen immer weniger in reale Gesichter. Mimik und Gestik bleiben verborgen. Umso schöner ist es, wenn Familie und Freunde zusammenkommen und gemeinsam Zeit verbringen.

Auch bei Besuchen fungieren Sie als Vorbild für Ihre Kinder: Sie als Erwachsener gehen mit gutem Beispiel voran. Kein endloses Tippen auf dem Smartphone oder Spielen am Tablet, wenn Sie Gäste empfangen oder bei anderen zu Besuch sind. Egal, ob Sie gelangweilt sind, oder die Gesellschaft kaum noch aushalten: keine Flucht und Ablenkung durch Mobilgeräte.

Stellen Sie Regeln für Ihre Kinder auf, wenn sich Besuch ankündigt, aber finden Sie auch gemeinsam Kompromisse. Vereinbaren Sie zum Beispiel, dass Ihre Kinder bei der Begrüßung der Gäste anwesend sind, und sich ein paar Minuten für ein Gespräch Zeit nehmen. Danach können sie spielen gehen. Eine weitere Idee: Ihre Kinder müssen mindestens bei der Mahlzeit dabei sein und dürfen erst wieder ihr Smartphone benutzen, wenn alle fertig gegessen haben.

Sie können ebenfalls einen Deal vereinbaren: Haben Ihre Kinder während des Besuches komplett auf ihre technischen Geräte verzichtet, dürfen sie nun eine Zeit lang online sein, und zwar mit einer großen Portion Eiscreme als Belohnung. Lassen Sie dies aber nicht zur Gewohnheit werden. Bestechen Sie Ihren Nachwuchs ständig, sind Sie bald in einer recht heiklen Position. Kinder dürfen ruhig auf ihre Eltern hören, ohne dass sie danach mit Geschenken oder Gefallen überhäuft werden. Einfach aus dem Grund, dass es ihre Eltern sind und diese das Sagen haben.

Extra-Tipp: Sie müssen selbst für sich entscheiden und festlegen, welches Verhalten Ihrer Kinder für Sie in Ordnung ist. Seien Sie nachsichtig. Hat es Ihnen als Kind gefallen, eine gefühlte Ewigkeit bei der Verwandtschaft sitzen zu müssen? Oder waren Sie zu schüchtern, »Hallo« zu sagen, und haben sich lieber in Ihrem Kinderzimmer versteckt? Vielleicht haben Sie auch Ihre Nase in Bücher gesteckt, um sich auf diese Art vor den nervigen Fragen und Umarmungen der Angehörigen zu retten? Was es auch immer war: Gestehen Sie Ihren Kindern zu, sich mit Hilfe von technischen Geräten ein wenig zu »verstecken« — so lange wenigstens ein kurzer sozialer Austausch stattgefunden hat.

Bildschirm:
Der neue Spielplatz

Mehmet freut sich auf den Besuch seiner Freunde aus dem Kindergarten. Seine Mutter ist froh, dass er nach dem Umzug der Familie so schnell Anschluss gefunden hat. Sie findet es ein wenig befremdlich, als einer der Freunde zuallererst nach dem WLAN-Passwort fragt. Nach einer Stunde will sie den Jungs eine Erfrischung bringen und geht ins Kinderzimmer: Drei der Freunde sitzen wie Hühner auf einer Stange und blicken auf ihre Tablets. Ab und zu gackern sie ihre Bildschirme an, weil ihnen nicht gefällt, was ihre Spielfigur gerade durchmacht, oder sie neue Hindernisse vor sich finden. Der vierte Junge sitzt ohne Tablet an der Seite und langweilt sich.

So sieht heutzutage die Realität aus. Tablets dienen als Spielzeuge und Kinder spielen eben regelmäßig mit ihren Lieblingsspielzeugen. Dumm nur: Bei Geräten, die von einem Spieler genutzt werden, sitzt jedes Kind alleine an seinem eigenen Gerät. Selbst wenn die Kinder online vernetzt sind und zusammen ein Onlinespiel meistern, interagieren Sie mehr mit ihrem Tablet als mit den Freunden. Somit fällt das Erlernen von Sozialkompetenzen beim gemeinsamen Spiel weg. Kommunikation findet zwar statt. Diese geschieht jedoch via Tablet auf eine geistig abwesende Weise. Bewusst kommunizieren, sich streiten und vertragen bleibt auf der Strecke. Initiative im Spiel zu entwickeln ist nicht nötig, und auch Einfühlungsvermögen für die Mitspieler ist nicht gefragt. Kinder ohne internetfähiges Gerät werden oftmals ausgeschlossen, müssen sich ihre Spielzeit entweder erbetteln, oder als eine Art TV-Programm mit anschauen.

Ob die Freunde Ihres Kindes Tablets oder Smartphones zum Treffen mitbringen, können Sie nicht wissen. Aber Sie können einiges unternehmen, damit die gemeinsame Zeit der Kinder nicht in einen Bildschirm-Marathon ausartet:

Halten Sie die Kinder dazu an, ein Computerspiel zusammen am Fernseher zu spielen, oder zusammen ein Video online zu gucken. Dies erhöht die Wahrscheinlichkeit der Interaktion unter den Kindern, als wenn sie alle einzeln vor ihren Tablets hängen und sich unterschiedliche Angebote ansehen. Außerdem können sie sich im Nachhinein darüber austauschen, was sie gesehen haben.

Falls Sie kein Internettreffen in Ihrer Wohnung wollen, oder die Kinder einfach lange genug vor den elektronischen Geräten saßen, schalten Sie sich ein. Hilfreich ist immer das Angebot von Alternativen. Unterbreiten Sie den Kindern Vorschläge, die sie von ihren Onlinespielen ablenken. Draußen toben, gemeinsam essen, etwas malen oder basteln: Es gibt viele Möglichkeiten, die Kindern Spaß machen und die sie gemeinsam erleben können. Bestimmt haben auch die Eltern der Freunde nichts dagegen, wenn Sie für eine Pause von der virtuellen Welt sorgen.

Mitunter kann es auch sinnvoll sein, sich mit anderen Eltern über die Nutzung von den Geräten abzusprechen. Fragen Sie nach, welche Regeln in den anderen Haushalten gelten. Vielleicht ist es diesen Eltern recht, dass die Freunde sich immer mit ihren Tablets beschäftigen. Möglicherweise finden Sie aber auf diesem Weg Gleichgesinnte, oder neue Tipps für den Umgang mit dem Internet.

Weniger Internet:
Mehr Lernen über das Leben

Alleinsein

Manuel hat einen ständigen Begleiter. Auf Schritt und Tritt begleitet ihn sein Smartphone. Manuel und seine Freunde tauschen sich im Minutentakt über Spiele und Videos aus. Als ihn seine Eltern zu einem Wochenendausflug überreden, stellt er schockiert fest, dass es in der Strandhütte keinen Internetempfang gibt. Alles Schmollen und Nörgeln bringt nichts: Seine Eltern weigern sich, nach Hause zu fahren. Also sitzt Manuel abends alleine auf seinem Bett und fragt sich, wie er die Zeit bis zum Schlafengehen herumkriegen soll. Was wohl gerade seine Freunde machen?

Moderne Kommunikationsformen ermöglichen es uns, immerzu in Kontakt miteinander zu stehen. Im Bett, auf dem Klo, beim Mittagessen, an der Bushaltestelle: Ein Chat ist schnell geöffnet, eine Nachricht oder Videobotschaft sofort verschickt und eine Antwort kommt zugleich. Schließlich ist der Kommunikationspartner ebenfalls jederzeit erreichbar. Auch Kinder sind unverzüglich hineingezogen in den Kreislauf »lesen, tippen, verschicken, wieder konsumieren, wieder antworten, wieder reagieren«. Schnelle und unmittelbare Erreichbarkeit hat zweifelsohne seine Vorteile.

Was wir aber bedenken sollten: Durch das pausenlose Verbundensein verlieren wir die Fähigkeit, alleine sein zu können. Das Alleinsein erlaubt es uns, eine Verbindung mit uns selbst aufzubauen und Erfahrungen und

Erlebnisse einzuordnen. Kinder profitieren davon immens. Ohne den Einfluss und das Einmischen von außen erleben sie sich selbst in einem sicheren Raum. Niemand kann sie während des Alleinseins beobachten oder kritisieren. Sie sind ungestört in der Lage, sich mit den eigenen Gedanken, Ideen und Phantasien auseinanderzusetzen.

Langeweile

Es ist Samstag. Familie Müller hat ihren internetfreien Tag. Jeder im Haushalt soll einen Tag der Woche ohne Internet, Computer und Mobilgeräte auskommen, und sich die Freizeit vertreiben. Marissa kommt bereits zum vierten Mal zu ihrer Mutter und verkündet, dass ihr langweilig sei. Doch Mama Erikas Vorschläge, wie sich ihre fünfjährige Tochter beschäftigen könnte, fallen stets auf taube Ohren. Langsam hat Erika keine Lust und keine Zeit mehr, sich mit den ständigen Anfragen ihres Kindes auseinanderzusetzen. Lieber lässt sie Marissa online gehen, als dass sie sich noch einmal »Mir ist aber so langweilig!« anhören muss.

Seinem Kind das Tablet in die Hand zu drücken, ist unkompliziert und einfach (und in manchen Fällen so gut wie unumgänglich — denken wir an Reisen oder andere Situationen, in denen Kinder lange stillhalten sollen). Auf diese Weise ist die Tochter beschäftigt, der Sohn gibt endlich Ruhe, und zwar ohne, dass man als Eltern selbst Zeit und Energie investieren muss. Es geht allerdings auch anders: Erika soll ihrer gelangweilten Tochter weder ein internetfähiges Gerät noch andere Ablenkungsmöglichkeiten anbieten. Es ist völlig in Ordnung, wenn Kinder sich langweilen und keine Unterhaltung und Stimulierung von außen erhalten. Kinder lernen auf diesem Wege, sich selbst ohne Hilfe von außen zu beschäftigen und ihren Einfallsreichtum zu nutzen. Wie sonst kommt der Nachwuchs dazu, sich hin und wieder Tagträumen hinzugeben? Von Welten zu träumen, Abenteuer zu erleben oder nach Schätzen zu suchen? Weder Smartphone noch Computer müssen als Langeweile-Killer oder Bespaßung herhalten. Geben Sie Ihrem Kind die Möglichkeit, Langeweile zu empfinden und diese auch auszuhalten. Aus dem Nichtstun findet es die Kraft, aus seinem Inneren auf neue unterhaltsame Ideen und Aktivitäten zu kommen. Denn Langeweile ebnet den Weg für Kreativität.

Kreativität

Erika ist entschlossen, dass sich ihre Tochter diesmal an den internetfreien Samstag hält. Umso überraschter ist sie, dass Marissa kurz darauf nicht mehr zu hören ist. Verwundert sieht Erika nach ihrem Kind: Marissa sitzt animiert vor ihren Puppen, mit denen sie seit Monaten nicht mehr gespielt hatte, und »unterhält« sich mit ihnen beim »Kaffeetrinken«. Ihr ist die Idee von alleine eingefallen, und sie spielt zufrieden mit Hilfe ihrer eigenen Phantasie.

Kinder sind Meister der Kreativität und Vorstellungskraft. Wenn Computer weg sind und Ruhe herrscht, haben die Sprösslinge die Möglichkeit, von alleine auf kreative Gedanken zu kommen. Denn Onlinespiele sind festgelegte Programme und geben vor, in welchem Rahmen sich Szenarien und Geschichten entwickeln. Social-Media- und andere Internetseiten sind ebenfalls starr in ihren Vorgaben. Im realen, strukturlosen Spiel hingegen gelten diese Grenzen nicht. Die Kinder toben sich auf kreativer Ebene aus. Lassen Sie Ihren Kindern den Freiraum, von selbst auf Aktivitäten zu kommen. Mama und Papa können sich ab einem bestimmten Alter nicht um alles kümmern, und im Bereich »Spiel-Ideen« sind Kinder sowieso unangefochten die Nummer Eins.

Extra-Tipp: Wenn Sie gerade nicht auf die Geräte verzichten können oder wollen: Fördern Sie die Kreativität

Ihres Kindes mit Hilfe von Tablet und Co! Stellen Sie sicher, dass die Geräte nicht nur für stundenlanges eintöniges Surfen und Spielen verwendet werden. Computer erlauben durchaus kreative Spielmöglichkeiten für Kinder. Zum Beispiel Rätsel und andere Denkaufgaben zu lösen; vielleicht sogar im Team, damit Ihr Kind nicht alleine daran sitzt. Weitere Ideen für mehr Kreativität: Mit Hilfe von Filtern und Bildbearbeitungsprogrammen können Bilder geändert, Zeichnungen angefertigt und Cartoons erstellt werden. Sie können auch Geschichten vertonen, Musik kreieren, Videos aufnehmen, bearbeiten und einen Kurzfilm daraus machen.

Geduld

Marcus schreit. Seine Mutter ist eine doofe Kuh! Er will doch nur sein Tablet! Er will, er will, er will! Alle, die sich nun trauen, sich Marcus in den Weg zu stellen, brauchen gute Nerven und Ohropax. Nicht einmal sein Lieblingskuscheltier ist vor ihm sicher und fliegt durch den Raum. Seine Mama hält sich währenddessen die Ohren zu. Sie will sich dieses eine Mal wirklich durchsetzen! Ihr Sohn soll doch nur sein Zimmer aufräumen, bevor er mit seinem Tablet spielt. Sie hofft, dass diese Erziehungsmaßnahme auf Dauer etwas bringt, und das Kinderzimmer von Marcus nicht mehr so aussieht, als wäre ein wütender Stier durchgelaufen.

Verzicht auf das Internet und Mobilgeräte sowie der Aufschub einer Belohnung erfordert einiges an Geduld. Besonders, wenn die Kinder es gewohnt sind, sofort ihren Willen durchzusetzen. Ihr Kind muss nicht zwingend immer eine Aufgabe erledigen, bevor es am Smartphone spielen darf. Es kann sich in der Zwischenzeit mit anderen Dingen beschäftigen, solange es akzeptiert, dass es noch warten muss. Aber Aufgaben im Haushalt oder für die Schule zu erledigen, bevor es online gehen darf, hilft dem Kind zu verstehen, dass das Leben nicht nur aus Surfen und Onlinespielen besteht. Wenn Marcus die von ihm verlangte Aufgabe erledigt hat, darf er an sein Tablet und sein Onlinespiel genießen. Vorher muss er geduldig sein — so wie es im Leben manchmal ist.

Empathie

Manuel und seine Freunde stehen auf dem Schulhof. Endlich Pause. Sie holen ihre Smartphones heraus und streichen über die Bildschirme. Enrico aus der Parallelklasse, ebenfalls mit Handy bewaffnet, läuft vorbei und fällt hin. Der Inhalt seines Schulranzens verteilt sich auf dem Boden. Enrico greift hektisch nach seinem Smartphone: Gut, nichts passiert. Manuel blickt kurz auf, und macht weiter, als wäre nichts gewesen. Einer von seinen Kumpels hält die Handykamera auf Enrico und ruft: »Ha, was für ein Smombie!«
Die Freunde lachen.
»Ach vergiss es«, grinst Manuel. »Dafür bekommst du nicht viele Klicks.«

Was Missgeschicke und Unfälle für die einen sind, ist digitales Fast Food der anderen. Das Sättigungsgefühl tritt selten ein und man will immer mehr. Das Mitgefühl bleibt auf der Strecke, und wir stumpfen ab. Es ist daher immens wichtig, dass Kinder Einfühlungsvermögen erlernen und dies immer wieder gefördert wird. Indem sie offline mit anderen Menschen kommunizieren und an deren Leben teilhaben, können sie ihr Verständnis für andere Lebewesen schärfen. Das Interpretieren von Gestik und Mimik kann durch reale Kontakte zu Mitmenschen gestärkt werden. Empathie entwickelt sich durch Erfahrungen im sozialen Miteinander. Das Einfühlen in andere erleichtert es, soziale Beziehungen einzugehen, Freundschaften zu knüpfen und zu erhalten. Darüber hinaus hilft Empathie, Konflikte zu bewältigen. Nur wer sich in andere hineinversetzen kann, kann den Standpunkt und die Beweggründe des anderen nachvollziehen. Das Verstehen von anderen Ansichten und Meinungen führt dazu, dass die Kommunikation nicht auf der Stelle abgebrochen wird. Eine Voraussetzung, die für die Aufrechterhaltung von Beziehungen unabdingbar ist. Denken Sie daran: In einer zunehmend digitalisierten Welt wird Empathie zu einer Schlüsselkompetenz.

Extra-Tipp: Wollen Sie spielerisch das Einfühlungsvermögen Ihres Kindes fördern? Probieren Sie es mit einem Rollenspiel. Nehmen Sie als Szenario einen immer wiederkehrenden Konflikt mit Ihrem Kind: Es nervt Sie, dass Ihr Sohn sein Tablet wie eine Schmusedecke überall mit hinnehmen will. Er kann nicht begreifen, warum seine Mutter immer wieder so eine große Sache daraus macht. Nun übernehmen Sie jeweils den Part des anderen. Ihr Sohn muss Ihre Position einnehmen, und Sie seine. Dank des Rollentausches wird Ihr Kind sein Gegenüber besser verstehen. Auch Sie profitieren davon und können sich besser in Ihren Nachwuchs hineinversetzen.

Entspannung

Eva kennt keine ruhige Minute mehr. Obwohl sie erst zwölf ist, würde sie jedem Börsenmakler den Rang ablaufen. Sie besitzt zwei Smartphones, die niemals Ruhe geben und mit deren Hilfe sie diskutiert und delegiert. Mit einem Handy am Ohr telefoniert sie mit ihrer Freundin, während sie das andere hält, um neue Nachrichten ihrer Mitschüler zu beantworten. Für Erwachsene wirkt sie dabei wie die Karikatur eines Workaholics. Für Eva ist es eine ernste Angelegenheit. Ihr Essen schlingt sie herunter, um keine Antwort zu verpassen. Wird es abends im Gruppenchat ruhig, kümmert sie sich um neue Selfies. 100 Bilder reichen ihr schließlich, um ein neues Profilbild auszusuchen. Dieses muss dann noch mit Filtern und Bildbearbeitungspogamm perfektioniert werden, bevor sie es hochlädt. Als sie auf Klicks und Kommentare für ihr neues Bild wartet, schläft sie an ihr Smartphone gekuschelt vor Erschöpfung ein.

Eva scheint als Zwölfjährige am Puls der Zeit und inmitten gesellschaftlicher digitaler Kommunikation zu sein. Dennoch verpasst sie essentielle Momente in ihrem Leben. Sie kennt keine Pausen, geschweige denn welche, die mit Ruhe und Langeweile gefüllt sind. Diese brauchen wir jedoch bisweilen, um unseren Geist zu entspannen und abzuschalten. Immer »on« zu sein, bietet diese Möglichkeit nicht. Eva ist seit langem nicht mehr alleine mit ihren Gedanken: selbst auf Toilette geht sie nicht ohne ihr heiß geliebtes Smartphone. Ständig an ihrem Handy, lässt sie ihre Kommunikationsfähigkeiten im Leben schleifen. Es fällt ihr schwer, ihre Gedanken zu verarbeiten, zu sortieren und mit anderen zu teilen.

Unterstützen Sie Ihr Kind beim Abschalten, und helfen Sie ihm, die Dauerverbindung zur Onlinewelt abzubrechen. Hört Eva auf, jede freie Minute am Smartphone zu verbringen, kann sie die Kraft der Ruhe nutzen. Je weniger sie sich den Reizen von außen aussetzt, desto mehr kann sie entspannen und neue Energien schöpfen. Abschalten zu können, ohne ein Gerät einzuschalten: Eine Lebensführung, die wir uns aneignen müssen. Nur so entkommen wir dem Kreislauf, gestresst durch die Reizüberflutung im Internet zu sein und diesem Stress durch Onlinekonsum entkommen zu wollen.

Mut

Patricia ist seit Tagen schlecht gelaunt. Ihre Eltern haben es ihr verboten, ständig auf ihrem Instant Messenger zu sein. Sie soll zu Essenszeiten, beim abendlichen Beisammensein und vor dem Schlafengehen auf ihr Smartphone verzichten. Die Achtklässlerin versteht nicht, warum sie nicht zu jeder Tageszeit mit ihren Freunden und anderen Mitschülern über das Smartphone kommunizieren darf. Was ist, wenn sie etwas verpasst? Ihre Freundin nicht weiß, was sie anziehen soll? Wenn sie selbst etwas Lustiges mit den anderen teilen möchte? Was, wenn in der Schule etwas passiert ist, worüber morgen alle lachen? Nur sie wird keine Ahnung haben! Patricia ist nervös und unruhig. Am nächsten Tag beschwert sie sich bei ihrer Freundin: »Jeder sieht mich nur noch als blöde Öko-Tussi! Meine Eltern sind so ätzend! Kann denen ja egal sein, wie ich mich fühle!«

Die Angst, im Leben etwas verpassen zu können, trifft Kinder genauso wie Erwachsene. Ebenso der Wunsch, sich einer Gruppe zugehörig zu fühlen. Das war bereits vor dem Internet so, aber durch das Onlinesein erreicht dies eine neue Dimension. Piept unser Handy, wollen wir auf der Stelle wissen, wer uns was geschrieben hat. Wir haben das Gefühl, sofort auf Postings, Bilder oder Nachrichten antworten zu müssen. Gleichzeitig wollen wir wissen, wer auf unsere Texte und Videos reagiert, ob wir in Fotos getaggt werden und wie viele »Gefällt mir«-

Klicks wir bekommen. Antwortet jemand nicht schnell genug oder überhaupt nicht, bekommen wir Zweifel, ob wir für den anderen überhaupt wichtig sind, oder ob wir schon vergessen worden sind.

Auch als Erwachsene verunsichert uns die Sorge, ein besseres Leben zu versäumen. Wir wollen die schönsten und aufregendsten Erfahrungen sammeln — oder bekommen zumindest von allen Seiten suggeriert, dass dies der Weg zum Glück sei. Wir fürchten, unsere Lebenszeit nicht richtig zu nutzen, und auf der langweiligen Feier oder im nervigen Beruf zu versacken. Dann sehen wir Menschen im Internet auf der (vermeintlich) coolsten Party und dem (angeblich) spannendsten Job der Welt — und fühlen uns noch unzufriedener. Oftmals scheint das, was andere Menschen im Internet präsentieren, wunderbarer und besser als das eigene Leben zu sein. Unserer Meinung nach schneiden wir im Vergleich mit anderen Usern schlechter ab.

Was uns im Erwachsenenalter zu schaffen macht, spüren bereits Kinder. Patricia geht es ähnlich. Ihre Schulfreunde posten Bilder von coolen Freizeitparkausflügen, oder von lustigen Geburtstagsfeiern. Social Media erlaubt ihr Einblicke in das Leben von anderen, zu dem sie sonst nicht Zugang hätte. In Fotos und Videos sieht sie, welche Aktivitäten andere unternehmen. Diese Momentaufnahmen nimmt sie als unumstößliches Abbild der Realität zur Kenntnis. Sie fühlt sich ausgeschlossen, klein und bedeutungslos. Diese Faktoren wirken extremer auf

Kinder, wenn sie die Befürchtung haben, in der Schule und im Freundeskreis als Außenseiter zu gelten.

Die Frage ist, wie Kinder lernen, mit diesem Druck und diesen Ängsten umzugehen. Wir als Erwachsene müssen ihnen vermitteln, dass das Gefühl, mithalten zu müssen, sie nicht zum konstanten Onlinesein verleiten sollte. Am besten gehen Sie mit gutem Beispiel voran. Demonstrieren Sie, dass man nicht rund um die Uhr online erreichbar sein muss und es in Ordnung ist, nicht bei allen Treffen oder Veranstaltungen dabei zu sein.

> Sie als Eltern sind eine wichtige Stütze. Helfen Sie Ihrem Kind, seine Gefühle zu verbalisieren. Ein offenes Ohr für die Sorgen zu haben, ist eine wichtige Quelle der Stärke für Ihren Nachwuchs. Was auch immer Ihr Kind Ihnen erzählt: Verurteilen Sie nicht seine Empfindungen und nehmen sie seine Sorgen und Ängste ernst.

Vermitteln Sie Ihren Kindern, dass Social Media und alles, was sich online abspielt, nicht das Maß aller Dinge ist. Es gibt ein Leben außerhalb von Online-Klicks und -Kommentaren. Sorgen Sie dafür, dass das Internet nicht den Großteil der Zeit und die Energie Ihres Nachwuchses in Anspruch nimmt.

Gehen Sie mit Ihrem Kind verschiedene Situationen durch. Besprechen Sie seine Befürchtungen und Ängste. Entwerfen Sie zusammen Alternativen. Bei

Patricia wäre dies zum Beispiel folgende: Statt sich mit ihrer Freundin Fotos von den neuesten Outfits hin- und herzuschicken, kann sich Patricia nach der Schule mit ihrer Freundin verabreden. Zusammen können sie Modenschau spielen. Und wenn es wirklich etwas sehr Wichtiges zu erzählen gibt, kann sie zum Telefon greifen, anstatt pausenlos auf dem Bildschirm zu tippen.

Erklären Sie Ihrem Kind, dass ständige Vergleiche mit anderen ermüdend und regelrecht lähmend sind. Wenn wir uns nur auf andere konzentrieren, vergessen wir, was wir selbst wollen. Jeder geht seinen eigenen Pfad im Leben. Jeder hat eine andere Art, diesen Weg zu beschreiten.

Ein gutes Mittel gegen Frustration durch Vergleiche ist Dankbarkeit. Lassen Sie Ihr Kind über Dinge nachdenken, für die es dankbar ist. Teilen Sie miteinander, für was Sie und Ihre Kinder dankbar sind. Das können alltägliche Kleinigkeiten, aber auch bedeutende Lebensumstände sein.

Motivieren Sie Ihr Kind, öfters etwas mit Freunden zu unternehmen. Interaktionen mit Menschen sind schließlich mehr wert als vor dem Bildschirm zu hocken.

Leben Sie es Ihrem Kind vor: Indem Sie selbst abschalten und Ihr Smartphone ruhen lassen, zeigen Sie Ihrem

Nachwuchs, dass Social Media nicht als Entspannungsstütze genutzt werden muss. Verzichten Sie als Eltern darauf, von jeder Kleinigkeit ein Foto oder Video zu machen und im Internet hochzuladen; nicht alles muss festgehalten und im Internet präsentiert werden. Machen Sie Mobilgeräte nicht zum Mittelpunkt Ihres Lebens.

Es erfordert Mut, Nein zu den neuesten Trends zu sagen und sich gegen sozialen Druck zu wehren. Nicht bei allem mitzumachen ist hart. Aber Kinder können auf diese Weise lernen, dass man nicht jedem Trend folgen muss. Im Leben können wir sowieso nicht bei allem dabei sein. Zweifellos sind wir manchmal enttäuscht, aber ab und an ein Ereignis zu verpassen gehört zum Leben dazu. Es wird weitere Momente und Möglichkeiten geben, an etwas Besonderem teilzuhaben.

Selbstbewusstsein

Noch ein Selfie. Wieder ein Foto hochladen. Einen weiteren Kommentar hinterlassen. Louis verbringt stundenlang Zeit an seinem Smartphone, um seine Freunde und Mitschüler auf den neuesten Stand zu bringen. Seinen Alltag erlebt er nur noch durch die Linse seines Smartphones. Alles was er sieht und hört, könnte online gestellt werden und potenziell viele »Gefällt mir«-Klicks und positive Zustimmung erhalten.

Wer an Social Media teilnimmt, wird hineingerissen in einen Wirbelsturm von Selbstdarstellung und Selbstpräsentation. Es scheint ein ungeschriebenes Gesetz zu sein, dass die meisten Beiträge in den sozialen Netzwerken ein perfektes Leben darstellen sollen. Ein konstanter Druck für Kinder, jederzeit cool zu erscheinen. Immer zeigen, dass man dabei ist, dass man dazugehört und dass man einzigartig ist. Der Einfluss von Onlinewerbung tut sein Übriges.

Auch wenn sich die Kinder innerlich nicht gut fühlen, auf Social Media präsentieren sie ein Image, welches sie andere sehen lassen wollen. Nach einer Weile erleben sie das eigene Leben unter einem Mikroskop. Ständig auf der Suche, welche Fotos, Videos und Sprüche online gut ankommen. Besonders Social Media wird als Popularitätswettbewerb genutzt. Je mehr Onlinefreunde auf der Freundesliste stehen, umso beliebter ist man. Kündigt jemand die Onlinefreundschaft, oder werden die neuesten

Updates ignoriert, entsteht bei dem User Verwirrung und das Gefühl von Ablehnung. Kinder werden emotional abhängig von »Freunden«, die sie nicht oder kaum persönlich kennen.

Indem Ihr Kind lernt, sich von den Erwartungen anderer zu befreien und seinen eigenen Interessen nachzugehen, kann es die eigene Persönlichkeit besser kennenlernen und sich seiner Selbst »bewusster« werden. Eine wohl überlegte Auswahl der Internetangebote kann für diesen Prozess unterstützend wirken: Helfen Sie Ihren Kindern zu entscheiden, welche Apps sie wirklich auf ihren Geräten installiert haben möchten, bei welchen Onlinegruppen sie Mitglied sein wollen, oder welche Webseiten ihnen Spaß machen. Alles unabhängig davon, was (angeblich) dem Freundeskreis gefällt. Ihr Nachwuchs wird mit der Zeit merken, dass er auf etliche Angebote im Internet verzichten kann, und sein Freundeskreis ihn weiterhin akzeptiert und miteinbezieht. Das Internet ist nicht die einzige Möglichkeit, Freundschaften zu pflegen.

Wahrnehmung

»Hä?«
»Bitte mach jetzt, um was ich dich gebeten habe.«
»Ja, Mama ...«
Finger tippen, Augen fliegen über den Bildschirm.
»Jetzt sofort! Du weißt, was wir verabredet haben.«
»Hä ... Mama! Ich ... Was?«

Wenn Sie Glück haben, schaut Sie Ihr Kind nach einer Weile mit glasigem und blutunterlaufendem Blick an. Betäubt und zerstreut. Einsilbige Worte statt langer Sätze. Man könnte meinen, es hätte seit Jahrzehnten keine Unterhaltung mehr stattgefunden. Es ist, als würde Ihr Kind jetzt erst entdecken, dass es eine Welt außerhalb der virtuellen gibt.

Internet und Computerspiele ziehen Kinder in Windeseile in den Bann. Es fällt schwer, sich von ihnen loszureißen. Kein Wunder: Innerhalb von Sekunden wird man an einen anderen Ort versetzt, und muss sich nicht mehr mit der unmittelbaren Umgebung auseinandersetzen. Neue Technik wird mit Absicht so konzipiert, dass sie unwiderstehlich wirkt, und es sehr schwer fällt, sich abzuwenden.

Dieses Suchtpotential geht jedoch auf Kosten der Fähigkeit, etwas mit allen Sinnen wahrzunehmen: Louis kennt die meisten Neuigkeiten und Erzählungen seiner

Freunde aus dem Internet, nicht von Treffen oder Gesprächen. Patricia verpasst den pinken Sonnenuntergang auf der Fahrt in den Urlaub, weil sie auf ihr Smartphone starrt. Mehmet erfährt nie, wie viel Spaß ihm Fußballspielen auf dem Bolzplatz macht, weil er lieber daheim an seinem Computer sitzt. Marissa spielt lieber mit ihrem digitalen Haustier, als dass sie sich mit der Nachbarskatze beschäftigt. Manuel kann den Ausflug mit seiner Familie nicht genießen, weil er keinen Handyempfang hat.

Was können wir tun, um Wahrnehmung zu schärfen und zwar über den »Sei weniger online!«-Tellerrand hinaus?

Dies gelingt uns durch Achtsamkeit. Meditation ist eine gute Übung, um Achtsamkeit zu schärfen. Falls sich allerdings Ihre Haare bei dem Gedanken sträuben, Ihre Kinder minutenlang zum Stillsitzen und Tiefatmen zu bewegen, können Sie sich beruhigen. Es gibt eine weitere Methode, die Sie einfach mit Ihren Kindern täglich und spielerisch praktizieren können. Gehen Sie zusammen auf den Balkon, in den Garten, in einen Park, oder rotieren Sie hin und wieder die Zimmer im Haus. Die Übung kann überall und zu jeder Zeit durchgeführt werden.

> Suchen Sie zusammen jeweils drei Dinge aus, die Sie und Ihre Kinder **sehen** können. Zum Beispiel eine Topfpflanze, einen Becher und einen Teppich. Draußen: Ein Baum, eine Blüte und ein Stein. Welche Farben und Formen hat das jeweilige Objekt?

Als nächstes **hören** Sie, welche Geräusche Sie wahrnehmen. Konzentrieren Sie sich wieder auf drei verschiedene Laute. Autos fahren draußen vorbei? Irgendwo spielt Musik? Woher kommt das leise Rauschen? Singen Vögel?

Atmen Sie tief ein. Was **riechen** Sie? Können Sie bis zu drei verschiedene Düfte erkennen? Ihren Tee? Nach was riecht die Luft im Zimmer? Kocht jemand? Wie riecht es, wenn Sie das Fenster öffnen und frische Luft von außen hereinströmt? Wenn Sie draußen sind: Duftet es nach Blumen? Stinkt es nach Abgasen?

Wenn Sie gerade etwas zu trinken oder essen bei sich haben, kosten Sie davon. Was **schmecken** Sie und Ihr Kind? Fühlen Sie die Konsistenz und ordnen Sie den Geschmack ein.

Zu guter Letzt **ertasten** Sie mit Ihren Kindern jeweils drei verschiedene Texturen. Dies können die Couch, der Tisch und der Teppich sein, oder ein Blatt, ein Zweig und ein Grashalm. Gerne können Sie statt Händen auch Ihre Füße nehmen.

Achtsam unsere Umgebung und uns selbst wahrzunehmen, ist der erste Schritt, unser Leben bewusst zu leben und zu genießen. Wir existieren im Hier und Jetzt, und fühlen uns geerdet. Je mehr wir wahrnehmen, umso neugieriger sind wir auf die Welt, andere Menschen und neue Erlebnisse. Wir kommen in Schwung und bewegen uns mehr und mehr. All dies wirkt sich positiv auf unseren Geist und Körper aus. Die Wahrnehmung des Großen und Kleinen ist faszinierender als jede Webseite oder jeder Social-Media-Account. Ermuntern Sie Ihr Kind daher immer wieder, das Smartphone beim Spaziergang zu Hause zu lassen, oder am Spiel »Wer hält es am längsten ohne Internet aus?« mitzuwirken.

Extra-Tipp: Benutzt Ihr Kind das Smartphone, ermuntern Sie es, diese Zeit für kreative Aktivitäten zu nutzen, zum Beispiel ein paar Fotos oder Videos mit der Handykamera zu schießen. Wenn schon digital, ist dies eine gute Übung, auf Details zu achten und somit seine Wahrnehmung zu schulen. Und wer weiß, vielleicht haben Sie einen zukünftigen Star-Fotografen oder Filmemacher vor sich.

Das Leben meistern:
online und offline

Erinnerungen schaffen

Schön und gut: Sie haben sich durchgesetzt. Ihr Nachwuchs hat mehr oder weniger verstanden, dass Onlinepausen wichtig sind. Das Tablet ist weggepackt, der Computer ist aus und das Smartphone auf lautlos gestellt. Und jetzt? Verzweifeln Sie schon bei dem Gedanken, die gelangweilten Kinder bei Laune zu halten? Wie soll der Nachwuchs seine Zeit vertreiben, bevor das Meckern und Fordern nach den Mobilgeräten wieder zu laut wird? »Moment mal«, denken Sie sich da, »wo war nochmal die Fernbedienung?«

Bevor Sie jetzt den TV-Bildschirm anschalten: Atmen Sie tief ein. Was können Sie tun, um mit Ihren Kindern fröhliche Momente zu verbringen? Die Antwort: Schaffen Sie sich gemeinsam schöne Erinnerungen. Eine Zeit, an die sich Ihre Kinder im Erwachsenenalter gerne zurückerinnern. Wird sich Ihre Tochter später daran erinnern, welches Level sie zu welcher Jahreszeit in ihrem Onlinespiel erreicht hat? Oder eher mit Freude daran denken, wie viel Spaß ihr Schneeballschlachten in der Kälte gemacht haben, oder die Wasserballonschlacht im Hochsommer? Füllen Sie die Erinnerungen Ihrer Kinder mit gemeinsamen Erlebnissen und nicht mit einem rechteckigen Display. Niemand möchte später im Alter zurückblicken und sich nur an den Hinterkopf seines Kindes erinnern.

Laden Sie Ihren Nachwuchs zu gemeinsamen Beschäftigungen ein:

Fragen Sie Ihre Kinder, welche Ideen sie haben außer Computerspiele oder Onlinesein. Worauf haben sie Lust? Gibt es größere Unternehmungen, die auf ihrer Wunschliste stehen? Ein Tag im Freizeitpark? In den Kletterwald gehen? Den Streichelzoo oder einen Bauernhof besuchen?

Fördern Sie die Phantasie Ihrer Kinder: Welche Aktivitäten würden Ihre Kinder unternehmen, wenn sie Superhelden oder Phantasiewesen wären? Als Batman würden sie Bösewichte jagen, und als Einhorn über einen Regenbogen galoppieren. Spielen Sie die Phantasien nach, oder erfinden Sie zusammen eine Geschichte darüber.

Gehen Sie an die frische Luft und ins Grüne. In der Natur gibt es unendliche Spielmöglichkeiten. Sei es der Park oder Spielplatz in der Stadt, Wald und Wiese auf dem Land: Es gibt viel zu entdecken und viel zu erleben. Im Gegensatz zu Tablets und Computer muss man bei Steinen, Stöcken und Schlamm keine Angst haben, dass sie zerbrechen, beschädigt oder dreckig werden.

Schaffen Sie Erinnerungen durch besondere Festtage. Hierzu zählt nicht nur der Geburtstag oder der Feiertag selbst, sondern auch die Vorbereitungen. Vorfreude ist immer am schönsten. Nehmen Sie die Hilfe Ihrer Kinder in Anspruch, ob an Weihnachten, Ostern, Chanukka, Bayram oder Geburtstagen. Je nach Alter können Ihre Kinder Dekorationen basteln oder Spiele für den Tag vorbereiten.

Urlaub und Ausflüge schaffen Erinnerungen, aber auch die Reisevorbereitungen. Packen Sie zusammen die Koffer. Testen Sie mit Ihren Kindern, wie viele Hosen, Kleider und Schuhe hineinpassen. Überlegen Sie gemeinsam, welche Spielzeuge wirklich eingepackt werden müssen, und auf welche Ihre Kinder während des Urlaubes verzichten können. Lernen Sie gemeinsam mit Hilfe von Büchern und Prospekten Wissenswertes über Ihr Urlaubsziel. Schlagen Sie nach, welche Tiere im Wildtiergehege leben und wie diese versorgt werden. Was ist das Besondere an Italien? Können Sie ein paar Wörter auf Italienisch oder Spanisch aussprechen? Interessante Informationen gibt es wie Sand am Meer.

So außergewöhnlich und bereichernd einzelne Tage und einmalige Erlebnisse sind, ist es der Alltag, der uns zum großen Teil formt. Was wir jeden Tag machen, ist letztendlich die Art und Weise, wie wir unser Leben verbringen. Somit nehmen tägliche Rituale einen besonderen Stellenwert im Leben ein. Ob morgens gemeinsam die Kleidung für den Tag aussuchen, oder abends am Esstisch zusammensitzen. Tägliches Onlinespielen oder regelmäßiges Surfen können dieses Beisammensein niemals ersetzen. Miteinander echte Erfahrungen zu machen und sich gemeinsam darüber auszutauschen, hat einen unermesslichen Wert, den man abgeschottet in einer Onlinewelt nie erfährt.

Mit Kindern etwas zu unternehmen muss nicht zwingend viel Geld kosten. Wollen Sie aber Geld ausgeben, verwenden Sie es nicht nur für materielle Gegenstände. Nutzen Sie Ihr Erspartes, um gemeinsam Unternehmungen durchzuführen. Anstatt das neueste Computerspiel oder ein Guthaben für Onlinespiele zu besorgen, legen Sie das Geld lieber in Erinnerungen an. Unternehmen Sie zusammen einen Ausflug, gehen Sie in den Freizeitpark, ins Schwimmbad oder auf den Indoor-Spielplatz. Hauptsache, Sie und Ihre Kinder interagieren, lachen (oder weinen) zusammen und erleben gemeinsam den Tag.

Ermuntern Sie Ihr Kind, mit seinen Geschwistern oder Freunden zu spielen. Meistens ergibt sich ein Zeitvertreib von alleine, ansonsten legen Sie Materialien zum Basteln, Malen oder Spielen bereit.

Fragen Sie sich immer wieder von neuem: Worum geht es wirklich im Leben? Das neueste Smartphone zu besitzen und die besten Apps herunterzuladen? Oder im Moment zu leben und sich Erinnerungen zu erschaffen, die einem niemand nehmen kann? Erinnerungen, die ein Leben lang Freude bereiten und Halt geben.

Gesellschaftliche und technologische Fortschritte formen unsere Lebensweise. Eines verändert sich aber nicht:

Kinder wollen spielend die Welt erkunden. Sie sind neugierig und lernbegierig. Wenn ihnen die Chance gegeben wird, wachsen Kinder an ihren Erkundungen und Erfahrungen, die sie auf dieser Welt machen. Erinnerungen an die Kindheit werden immer sehr wertvoll sein, egal in welchem Alter. Lassen Sie nicht zu, dass eine virtuelle Welt zwischenmenschliche Kontakte und erlebnisreiche Abenteuer ersetzt.

Kontrolle ist gut, Vertrauen besser

Was ist die gesunde Balance zwischen Kontroll-Monster und »die Kinder wissen schon, was sie tun«, wenn es um den Umgang mit dem Internet und Computerspielen geht? Bis zu einem gewissen Alter ist es auf jeden Fall empfehlenswert, Webseitenbesuche Ihres Kindes zu beaufsichtigen. Werden Kinder älter und selbstständiger, ist die Kontrolle jedoch sowieso nicht mehr möglich und ein großer Stressfaktor für Sie und Ihr Kind. Daher gilt: Je früher Kinder einen verantwortungsvollen Umgang mit den Geräten lernen, umso eher können Sie sie mit gutem Gewissen im Internet unterwegs sein lassen. Je älter Kinder werden, umso mehr haben sie verstanden, wie sie verantwortungsvolle Entscheidungen treffen.

Zum Grenzen setzen im Umgang mit dem Internet gehört, Internetseiten und Computerspiele von jüngeren Kindern zu überprüfen und zu genehmigen. Oftmals sind beliebte Spiele, die Ihr Kind und seine Kameraden ausprobieren möchten, nicht altersgerecht. Nur weil die Eltern von Max und Moritz dies in Ordnung finden, heißt das nicht, dass Sie auch mit diesen Spielen einverstanden sein müssen. Die Altersgrenzen haben eine Funktion: Ist das Kind zu jung, kann es die vorgesetzten Bilder und Sprache nicht verstehen und einordnen, oder wird von ihnen negativ beeinflusst. Sehen Sie sich selbst die Spiele an und erkundigen Sie sich im Internet oder im Geschäft nach den Altersempfehlungen. Selbst wenn ein Spiel dem Alter Ihres Kindes entspricht: Vertrauen Sie letztendlich immer auf Ihr Gefühl, ob Ihre Tochter oder Ihr Sohn reif genug ist, das Computerspiel zu spielen. Gleiches gilt für Social-Media-Seiten: Diese haben ebenfalls eine Altersgrenze, die in vielen Fällen erst ab Teenageralter bzw. Volljährigkeit beginnt. Viele Eltern staunen nicht schlecht, wenn sie hören, ab welchem Alter diverse Spiele und Webseiten eigentlich erst zugelassen sind. Die angegebenen Altersgrenzen sind ein guter Richtungsgeber, aber nur Sie können am besten Ihr Kind und seine Entwicklung einschätzen.

Bei aller Fürsorge und Vorbeugung darf das Vertrauen nicht fehlen. Für manche Eltern stellt sich die Frage, ob sie selbst Internetprofile erstellen sollten, um als »Freund« oder »Follower« die Seite der Kinder zu beobachten. Doch auch wenn es schwerfallen mag, weil Sie Ihren Nachwuchs beschützen möchten: Vertrauen Sie Ihrem Kind. Fördern Sie seine Eigeninitiative. Auf Dauer wird Sie und Ihr Kind die ständige Kontrolle stressen. Außerdem verzögert diese die Entwicklung seiner (Online-)Selbstständigkeit. Wenn Sie Bedenken haben, dass Ihr Kind verantwortungsvoll mit dem Social-Media-Account umgehen kann, sollten Sie eventuell die Nutzung der Plattform noch nicht erlauben.

Extra-Tipp: In einigen Fällen haben Eltern Accounts auf den gleichen Social-Media-Seiten wie ihre Kinder. Erinnern Sie Ihr Kind daran: Wenn Mama und Papa etwas nicht sehen sollen, ist es besser, diese Kommentare und Fotos erst überhaupt nicht zu veröffentlichen.

Letzten Endes ist es keine Lösung, Internetplattformen und Social Media zu verteufeln. Geben Sie Ihren Kindern online die Chance, sich unter Beachtung der abgesprochenen Regeln zu entfalten. Seien Sie offen für Fragen und einen Dialog, wenn Ihre Kinder über das, was sie online erschreckt oder verunsichert hat, reden möchten. Seien Sie mitfühlend und machen Sie ihnen keine Vorwürfe. Unterstützen Sie Ihre Kinder. In diesem Moment brauchen sie jemanden, mit dem sie über die verstörenden und verwirrenden Bilder reden können. Dies hilft bei der Verarbeitung des Gesehenen. Wenn Sie Ihrem Kind zeigen, dass es Ihnen jederzeit solche Dinge anvertrauen kann, ist seine Hemmschwelle auch in Zukunft niedriger, zu Ihnen zu kommen.

Dranbleiben — In jedem Alter

Die digitale Welt ist schnelllebig, auch die Ihrer Kinder. Ein paar Wochen ist es in, auf dem Display Fantasiewesen zu fangen, in den nächsten Monaten, virtuell Bauwerke und Häuser zu erstellen. Bleiben Sie daher dran. Halten Sie immer die Kommunikation zwischen Ihnen und Ihrem Kind offen. Seien Sie auf dem Laufenden, welche Onlinespiele es spielen will, welche App es benutzen mag und welche Webseiten es besuchen will. Dies beinhaltet ebenfalls, sich über die neuesten Trends sowie Updates für die Internetsicherheit zu informieren. Bisweilen wird Ihnen das Nachschlagen in Benutzerhandbüchern nicht erspart bleiben, denn: Auch mit technischen Funktionen von neuen internetfähigen Geräten dürfen sich Eltern vertraut machen, besonders, wenn das Gerät für die Kinder gedacht ist. Nicht nur, dass Sie durch Ihre Recherche die coole Mama oder der hippe Papa sind, die sich zurechtfinden im World Wide Web. Es gelingt Ihnen, die gegenseitige Kommunikation und Verständnis zwischen Ihnen und Ihren Kindern aufzubauen.

Jüngere Kinder

Je jünger Ihr Kind ist, umso wichtiger ist es, dass es den virtuellen Medien nicht alleine ausgesetzt ist. Gucken Sie sich gemeinsam Kinderfilme, Lernspiele und interaktive Bücher auf dem Tablet an. Sprechen Sie mit Ihrem Kind über das, was es sieht und stellen Sie Fragen zu den Inhalten:

Was mag es an den Charakteren? Was nicht?

Welche Farben und Geräusche gefallen ihm? Welche nicht?

Was findet es lustig? Was findet es traurig?

Mag es die Geschichte noch einmal in seinen eigenen Worten erzählen? Oder hat es Lust, das Lied nachzusingen?

Durchforsten Sie gemeinsam mit Ihrem Kind die Spiele und Videos. Behandeln Sie das Tablet so, als würden Sie ein Buch vor sich haben. Interagieren Sie mit dem Gerät, wie Sie es mit einem Kinderbuch ebenfalls machen würden. Wiederholen Sie das, was Sie in den Spielen und Apps gezeigt bekommen. Bellt der Hund, quakt der Frosch und miaut die Katze auf dem Bildschirm, machen Sie diese Geräusche ebenfalls nach und animieren Sie Ihr Kind auch dazu. Zeigt das Programm eine Rechenaufgabe, benutzen Sie Ihre eigenen Hände und die Ihres Kindes zum Nachzählen. Spielt es mit digitalen Autos, kann es die Formel-1-Weltmeisterschaft später mit richtigen Spielautos nachahmen. Sieht es Bäume und Blumen online, gehen Sie mit Ihrem Kind an die frische Luft. Erkunden Sie die Gegend und schauen, ob Sie zusammen die Pflanzen wiedererkennen. Somit kann Ihr Kind tatsächlich mit seinem Tablet lernen, aber ist gleichzeitig nicht nur an den Bildschirm gebunden.

Ältere Kinder

Sind Ihre Kinder älter, beginnt die Zeit, in der sie an diversen Social-Media-Seiten teilnehmen möchten. Erlauben Sie dies, ist es sinnvoll, die ersten Schritte auf den Plattformen gemeinsam zu unternehmen. Helfen Sie Ihrem Kind, ein Profil zu erstellen, Freunde hinzuzufügen und Kameraden anzuschreiben. So erlangen Sie zusammen mit Ihrer Tochter oder Ihrem Sohn einen Überblick und wissen, wie die Plattform in den Basisfunktionen funktioniert. Wenn Ihre Kinder verunsichert sind und nicht wissen, wie sie eine Angelegenheit im Internet handhaben sollen, dürfen sie jederzeit bei Ihnen nachfragen.

Der Umgang mit dem Internet und internetfähigen Geräten ist ein fortwährender Prozess. Es gibt ständig neue Trends bezüglich Spielen und Plattformen. Was momentan angesagt ist, ist in einem Jahr wieder out. Deswegen ist eine ständige Kommunikation unumgänglich. Leiten Sie Ihr Kind durch den Dschungel des Internets und besprechen Sie Gesehenes. Seien Sie achtsam, welche Wege Ihr Kind online geht, aber, je nach Alter, trauen Sie ihm auch zu, allein gute Entscheidungen zu treffen.

Sind Sie nicht zufrieden mit seiner Wahl, vermitteln Sie dies Ihrem Kind. Lassen Sie den Dialog zwischen Ihnen und Ihren Kindern immer offen, auch wenn Sie sich nicht immer einig sind. Suchen Sie das Gespräch, reden Sie, bleiben Sie immer dran. Dies bedeutet nicht, dass Sie Ihre

Kinder wie ein Privatdetektiv beschatten müssen, aber interessieren Sie sich für ihre digitale Welt. Seien Sie so gelassen wie möglich und zeigen Sie Verständnis. Auf diese Weise wissen Ihre Kinder, dass Sie ihnen bei Problemen und Sorgen aufmerksam zuhören. Bleiben Sie auf dem Laufenden, können Sie schneller eingreifen, falls Ihr Nachwuchs im Internet mit Schwierigkeiten wie Mobbing oder Belästigungen zu kämpfen hat.

Extra-Tipp: Seien wir ehrlich. In manchen Fällen wird Ihr Nachwuchs Ihre Fürsorge als Einmischung verstehen und davon nicht begeistert sein: Ihre Kinder sind zu jung, um zu verstehen, worum es geht, oder sie fühlen sich selbst schon »reif« und »erwachsen« genug, um die Situation alleine zu meistern. Machen Sie Ihrem Kind klar, warum Sie sich sorgen, und dass Sie nun zusammen einen Weg finden müssen, mit der Situation umzugehen. Ist Ihr Nachwuchs uneinsichtig, müssen Sie weiterhin auf Ihre Meinung bestehen.

Wenn es online geht:
Das Kind aufklären

Unterwegs im Internet

Früher oder später ist es soweit: Ihr Kind geht online. Alles halb so wild, denn wie im realen Leben hat das Internet und das Surfen gute und schlechte Aspekte. Kinder müssen allerdings lernen, mit dem Internet umzugehen. Die Aneignung von angemessenen Verhaltensweisen wird die Online-Erfahrungen Ihrer Kinder bereichern. Immer wieder wichtig: Kommunikation ist die Brücke zum anderen. Reden Sie regelmäßig mit Ihren Kindern über den richtigen Umgang mit dem Netz. Bei den Gesprächen geht es nicht um Panikmache, sondern um die Förderung ihrer Onlinekompetenz. Das Aufzeigen von Gefahren gehört ebenso dazu, wie die Aneignung von Wissen, wie sich Ihre Kinder online schützen.

Extra-Tipp: Was im realen Leben gilt, gilt auch online: Wenn Kindern online etwas seltsam oder ungewöhnlich vorkommt, ihnen etwas Angst macht oder in ihnen ein schlechtes Gefühl hervorruft, dürfen, und sollen, sie zu ihren Eltern kommen. Ganz egal, um was es sich handelt.

Inhalte

Leon ist auf der Suche nach einem Clown. Seine Kunstlehrerin hat der Klasse aufgetragen, Masken zu basteln. Das Schulprojekt »Wir im Zirkus« steht an. Da Leon Clowns immer schon witzig fand, will er nun die perfekte Maske kreieren. Er macht sich im Internet schlau. Dank einer Werbung findet er bald ein passendes Video: Auf der Straße steht ein Clown mit dem Rücken zur Kamera. Als sich dieser umdreht, erschrickt sich Leon heftig: Mit verzerrtem Gesicht, rotglühenden Augen und einer blutigen Axt in der Hand, rennt der Killer-Clown auf die Kamera zu. Schnell macht Leon das Tablet aus und verkriecht sich unter seiner Bettdecke. Seine Eltern wundern sich später, warum sie abends das Licht nicht ausmachen dürfen.

Wie Leon feststellen muss, besteht das Internet nicht nur aus lustigen Clowns, »Alle meine Entchen«-Liedern und »Ernie und Bert«-Videos. Kinder können online auf Informationen und Situationen stoßen, die sie tief verunsichern und ihr Sicherheitsgefühl beeinträchtigen. Ausübung von Gewalt, Mord, Sex, Aggressivität, Klatsch und Tratsch sind im Internet so schnell gefunden wie es die Internetverbindung hergibt. Bereits auf Erwachsene können diese Szenen verstörend wirken. Was man mit dreißig Jahren nicht ertragen kann, sieht man sich als Zehnjähriger an. Im jungen Alter überwiegt häufig die

Neugierde und es wird ohne Vorsicht geklickt und geguckt. Es ist leicht nachvollziehbar, wie Kinder solche Eindrücke treffen und wie lange sie brauchen, um sich damit auseinanderzusetzen.

Allgegenwärtigkeit des Internets erschwert es leider, Kinder vor solchen traumatischen und angsteinflößenden Bildern zu schützen. Suchen Sie daher das Gespräch mit Ihren Kindern. Reden Sie mit ihnen über das Risiko, unbedacht auf Internetseiten zu gehen, die Warnungen enthalten, oder die ihnen unbekannt sind. Für Zuhause machen Computersperren und Kinderschutzprogramme zwar Sinn, aber verlassen Sie sich nicht zu sehr darauf. Zum einen funktionieren die Filter nicht immer fehlerfrei, zum anderen sehen Kinder ab einem gewissen Alter Beschränkungen durch Internetschutzprogramme als Herausforderung an. Viele (oftmals erfolgreiche) Versuche werden dann unternommen, um die Programme zu umgehen oder auszuschalten. Zeigen Sie Ihren Kindern, dass Sie Verständnis für ihre Neugierde und Wünsche besitzen. Sie sollen zu Ihnen gehen, wenn sie wirklich dringend auf eine Seite müssen, oder eine gesperrte App herunterladen wollen.

Auch wenn es manchmal so erscheint, wenn das Netz aus dem Nichts unsere Bedürfnisse errät, geeignete Webseiten anbietet und passend Werbung schaltet: Erklären Sie Ihren Kindern, dass das Internet weder magische Kräfte besitzt noch unsere Gedanken lesen kann. Die heutige Technik ermöglicht es, dass Such- und Surfvorgänge gespeichert und Daten über unsere Vorlieben und Interessen gesammelt werden. Mit Hilfe dieser Informationen wird eine auf den User zugeschnittene Online-Sphäre erzeugt, in der sich der User wohlfühlt und auf die nächste Seite oder das nächste Angebot klickt. Werbung wird geschaltet, und Algorithmen genutzt, um sicherzugehen, dass das Interesse der User nicht nachlässt. Es ist wichtig, dass Ihre Kinder dies verstehen. Wenn sie sich dieser Vorgänge bewusst sind, können sie bessere Entscheidungen bezüglich ihres Internetkonsums treffen. Sie lernen, sich weniger von außen lenken zu lassen und das Internetangebot besser zu reflektieren.

Extra-Tipp: Das Internet ist ein Ozean von Auskünften, Nachrichten und Neuigkeiten. Erläutern Sie Ihren Kindern, wie sie online an nützliche und vertrauenswürdige Informationen kommen. Erkundigen Sie sich nach Webseiten, die auf die Bedürfnisse von Kindern zugeschnitten sind, und die sie beim Lernen unterstützen.

Sicherheit

Kathi freut sich. Nach monatelangem Hin und Her darf sie sich endlich bei einem sozialen Netzwerk anmelden. Einzige Bedingung: Ihr Vater ist dabei und beide gehen gemeinsam die Anmeldung durch. Kathi protestiert. Sie ist schließlich alt genug. Aber nichts zu machen. Sie setzt sich motzend zu ihrem Vater. Letztendlich ist sie doch froh, dass ihr Papa ihr hilft. Irgendwie ist es ja doch langweilig, und sie hätte die ganzen Einstellungen einfach übersprungen. Am Ende bekommen beide einen Lachanfall, weil sie versuchen, aus den Wörtern »Frosch«, »Weihnachtsmann« und »Kuddelmuddel« ein sicheres Passwort zu erstellen.

Fangen Sie so früh wie möglich an, mit Ihren Kindern über Internetschutz zu reden. Informieren Sie sich vorher darüber, damit Sie Ihr Wissen an Ihre Kinder weitergeben können. Setzen Sie sich gemeinsam mit Ihrem Nachwuchs an die Geräte und erklären Sie ausführlich die Vorsichtsmaßnahmen und deren Funktionen. Veranschaulichen Sie die Erklärungen anhand eines Beispiels: Erstellen Sie ein gesichertes Passwort, oder legen Sie Privatsphäre-Einstellungen fest.

Besprechen Sie mit Ihrem Kind:

Der Einsatz und die Geheimhaltung von Passwörtern, der Nutzen und das Updaten von Anti-Virus- und ähnlichen Schutzprogrammen sowie Privatsphäre-Einstellungen.

Nicht jede Seite im Internet ist sicher. Auch vermeintlich private und gesicherte Bereiche wie E-Mail-Accounts können betroffen sein. Hinter unbekannten (und mitunter sogar bekannten!) E-Mail-Adressen können sich Nachrichten und Anhänge mit schädlichen Viren befinden, oder Fremde erhoffen sich eine Kontaktaufnahme. Zeigen Sie Ihrem Kind, wie es möglichst genau Spam-E-Mails erkennen kann.

Niemals unhinterfragt Passwörter oder andere private Informationen wie Adresse und Telefonnummer an andere weitergeben. Auf keinen Fall dürfen Ihre Kinder Fremden diese Daten bereitstellen. Auch beim öffentlichen Posting ist Vorsicht geboten: Aufenthaltsorte und andere personen- und ortsidentifizierende Informationen sind tabu.

Hundertprozentige Sicherheit gibt es nicht. Auch durch Passwort und Privatsphäre-Einstellungen gesicherte Accounts und Social-Media-Seiten können gehackt und dessen Inhalt geteilt werden. Was auch immer Ihre Kinder online stellen: Diese Daten können in die falschen Hände geraten und gegen ihren Willen verbreitet werden.

Privatsphäre

Endlich hat Kathi einen Social-Media-Account! Sie ist überglücklich. Fleißig verschickt sie Freundschaftsanfragen und macht sich daran, ein neues Album zu erstellen, um viele Selfies hochzuladen.
»Denk daran, was wir besprochen haben wegen Dateien hochladen und verschicken«, sagt ihr Vater.
»Ja, Papa«, antwortet Kathi und rollt die Augen. »Und ich passe auf, online nichts zu machen, was ich auch so nicht machen würde.«
Ihr Vater schüttelt den Kopf und geht aus dem Zimmer. Er ist heilfroh, dass es in seiner Kindheit nicht die Möglichkeit gab, peinliche Fotos oder Tagebucheinträge mit anderen online zu teilen. Wer weiß, was er alles online gestellt hätte!

Alles, was Sie ohne Privatsphäre-Einstellungen im Internet schreiben, hochladen oder teilen, ist für alle im Internet leicht einsehbar. Zeigen Sie Ihrem Kind Parallelen zum realen Leben auf: Einem Fremden würde Ihr Sohn auch nicht alleine in ein Zimmer folgen — warum sollte er es in einem privaten Chatraum tun? Die Türen zu unserer Wohnung lassen wir auch nicht einfach offenstehen — warum sollten wir jeden im Internet »hereinlassen«? Wenn wir andere Menschen auf der Straße weder beschimpfen noch kränken — warum sollten wir es online machen?

Versuchen Sie Ihrem Kind nahezubringen, dass alles, was es online stellt, auch später noch im Netz gefunden werden kann. Es wird vermutlich schwer sein, ihm das Ausmaß verständlich zu machen. Welches Kind denkt schon an Ausbildung, Studium oder Arbeit, und an die Vorgesetzten und Verantwortlichen, die Einblicke in das haben werden, was es vor vielen Jahren ins Netz gestellt hat? Lenken Sie die Aufmerksamkeit Ihres Kindes auf das Hier und Jetzt: Es würde höchstwahrscheinlich nicht wollen, dass seine Spielkameraden sehen können, wie es vor einiger Zeit noch auf sein Töpfchen gehen musste.

Reden Sie mit Ihrem Kind über den Begriff »Oversharing«. Dieser Ausdruck bedeutet, dass eine Person im Internet zu viele persönliche Informationen preisgibt. Wir haben das Glück, dass Fotos unserer Phase mit selbstgeschnittenem Haar und schrägen Outfits irgendwo in einem alten Schuhkarton liegen. Videos aus der Zeit sind auf verstaubten VHS-Kassetten oder CDs zu finden. Heutzutage teilen Kinder ihre Bilder und Videos mit der Onlinecommunity. Im Nachhinein sind die einen oder anderen Bilder und Videos peinlich — allerdings sind sie dann veröffentlicht und gelegentlich nicht mehr löschbar. Selbst wenn Ihr Kind einen Kommentar wieder löscht, ist die Wahrscheinlichkeit gegeben, dass jemand anderes diesen bereits weitergeleitet hat. Es ist sehr wichtig, dass sich Kinder der Konsequenzen von zu viel Onlineteilen bewusst sind. Das Hochladen von Video- und Bildmaterial sowie das Posten von Kommentaren kann sie bis ins Erwachsenenalter begleiten.

Ihr Kind soll sich gut überlegen, welche Fotos und Videos es von sich weiterverschickt, selbst wenn es der anderen Person vertraut. Ihre Tochter soll sich zu keinen Handlungen überreden lassen, und Ihr Sohn darf Nein sagen, wann immer er will. Die Entscheidung, was sie online hochladen und verschicken, liegt bei ihnen. Wenn Ihre Kinder unsicher sind, ob sie Fotos oder Videos verschicken wollen oder nicht, sollen sie ruhig abwarten. Vielleicht sieht es am nächsten Tag wieder anders aus und sie möchten es nicht mehr mit anderen teilen.

Extra-Tipp: Klären Sie Ihr Kind über die Vorteile von Pseudonymen und User-Namen auf. Indem sie persönliche Details wie den eigenen Namen, Wohnort, Alter oder Geschlecht weglassen, oder rein fiktive Informationen einsetzen, bewahren sie sich ihre Anonymität im Netz.

Online-Belästigung

Mona findet es am Anfang noch belustigend, dass sich ihre vermeintliche Onlinefreundin nach wochenlangem Chatten als Junge offenbart hat. Langsam nervt es sie aber nur noch, ständig Nachrichten von ihm zu bekommen. Immer will er sich treffen und besteht darauf, dass sie ihm Fotos von sich schickt. Als es ihr schließlich zu bunt wird, blockiert sie ihn und verbannt ihn von ihrer Freundesliste. Sie ist erleichtert, und froh, ihn losgeworden zu sein. Von diesem Typen will sie nie wieder etwas hören!

Mona setzt Grenzen und signalisiert: »Bis hierhin und nicht weiter!« Sie vertraute auf ihr Gefühl, und ihr Erlebnis ging noch recht harmlos aus. Auch Menschen mit schlechten Absichten nutzen das Internet, um an ihre Opfer zu gelangen. Fremde erhoffen sich Kontakte, bei denen sie die Unerfahrenheit und Unschuld der Kinder ausnutzen können. Bringen Sie deshalb unbedingt Ihren Kindern bei, dass sie energisch und selbstbewusst gegen unerwünschte und unliebsame Kontaktversuche online vorgehen. Ein sofortiger Abbruch des Kontaktes, das Blocken des Users und das Melden bei den Internetplattformen sind immens wichtig. Genauso, wie Sie Ihrem Kind beibringen, dass es sich bei unangenehmen oder zu intimen Kontakt im Leben wehren soll, soll es auch online selbstbestimmt agieren und seine Grenzen aufzeigen.

Sagen Sie Ihren Kindern, dass sie in Fällen von unerwünschten Kontaktversuchen jederzeit zu Ihnen kommen sollen, oder dass sie andere vertrauensvolle Menschen aufsuchen und davon berichten. Ihr Kind darf niemals das Gefühl haben, dass es Ihnen nicht von diesen Begegnungen berichten darf – selbst, wenn der Kontakt schon länger besteht und Ihr Kind zum Beispiel Bilder und Videos von sich verschickt hat. Täter nutzen die Angst ihrer Opfer, dass herauskommen könnte, dass sie sich am Austausch beteiligt haben. Lassen Sie Ihr Kind wissen, dass es niemals zu spät ist, Sie zu informieren! Falls es Ihr Kind nicht bereits getan hat: Melden Sie immer verdächtige und kriminelle User und Aktivitäten bei den Internetplattformen. Meistens ist dies mit einem Klick getan, und es hilft zumindest zeitweise, derartige Aktionen zu unterbinden, und andere Kinder zu schützen.

Extra-Tipp: Klären Sie Ihren Nachwuchs auf, dass es Menschen gibt, die sich online als eine andere Person ausgeben. Nur weil jemand behauptet, ein Mädchen im gleichen Alter zu sein, und auch passende Bilder verschickt, muss das nicht heißen, dass dem so ist. Ein gesundes Maß an Misstrauen ist erforderlich beim Umgang mit fremden Usern online.

Cyper-Mobbing

Kai sitzt alleine am Tisch. Als neuer Mitschüler wird er von den anderen mit Neugier und Skepsis beäugt. Nach zwei Wochen hat er immer noch kaum mehr als drei Wörter gesagt. Seine Mitschüler fangen an, sich über ihn lustig zu machen. Einer von ihnen erstellt einen Gruppenchat: »Warum Kai nie redet«. Die Antworten werden immer gehässiger. Eines Tages klettert ein Mitschüler auf die Toilette der Nachbarskabine und fotografiert Kai von oben. Der Junge postet das Bild online: »Kai kann nicht reden, weil er seine Zunge das Klo runtergespült hat. Lol!« Jessica zeigt Kai die Nachrichten. Kai lächelt verlegen und schweigt. Die nächsten Tage geht er nicht mehr in den Unterricht. Erst als seine Mutter ihm beim Schwänzen erwischt, erzählt er ihr, dass er sich aus Scham nicht mehr in die Schule traut.

Mobbing ist ein weitverbreitetes Online-Phänomen. Es kann jeden treffen, nicht nur Schüchterne oder Außenseiter. Ist erstmal eine Zielscheibe des Spotts gefunden, kennen Täter keine Gnade. Manchmal entsteht eine Kettenreaktion, und immer mehr User beteiligen sich an der digitalen Schlammschlacht. Dabei werden oftmals vertrauliche Fotos und Videos genutzt, die gegen den Willen der Betroffenen öffentlich gepostet und weiterverschickt werden. Auch Beschimpfungen und Beleidigungen und das Streuen von rufschädigenden Gerüchten online sind Handlungen der Mobbingtäter. Mobbing unter Kindern darf nicht verharmlost und unterschätzt werden. Es kann weitreichende Konsequenzen für die Betroffenen haben: Scham, Schwinden des Selbstwertgefühls und Selbstmordgedanken.

Für den Umgang mit Cyper-Mobbing:

Warnen Sie Ihr Kind vor der Gefahr, dass manche Personen auch das Internet nutzen, um andere Menschen zu verletzen und herunterzusetzen. Ermuntern Sie es, bei möglichen Problemen immer zu Ihnen zu kommen, oder zu anderen Personen ihres Vertrauens. Nehmen Sie jedes Anliegen Ihres Kindes ernst.

Lassen Sie Ihr Kind auf keinen Fall mit dem Problem alleine. Zeigen Sie ihm, dass Sie zusammenhalten und gemeinsam gegen die Situation vorgehen. Zu den besten Taktiken gegen Cyper-Mobbing gehören das Ignorieren der Täter durch Blocken und das Melden der Aktivitäten auf den Internetseiten. Sammeln Sie Beweise in Form von Screenshots und ausgedruckten Seiten möglichst mit Datum- und Zeitstempel, da einige Inhalte von den Tätern eventuell wieder gelöscht werden und nicht auffindbar sind. Schalten Sie die Schule oder die Polizei ein. Cyper-Mobbing ist strafbar.

Halten Sie Ihrem Kind immer vor Augen, dass Beurteilungen nur die Meinungen und Ansichten von anderen sind, und diese nicht unbedingt die Realität widerspiegeln. Vielmehr ist es ein Hinweis auf die negative Haltung des Täters und seine Missachtung von Grenzen.

Erfahren Sie, dass Ihr Kind im Internet andere Kinder beleidigt und drangsaliert, konfrontieren Sie es. Versuchen Sie herauszufinden, warum es jemand anderen mobbt. Hören Sie sich seine Beweggründe an. Ist Ihr Nachwuchs bereits selbst Opfer von Online-Beleidigungen geworden, und will sich rächen? Denkt Ihr Kind, dass dies eine normale Verhaltensweise ist? Vergisst es, dass auf der anderen Seite des Bildschirms Menschen mit Gefühlen sitzen? Beugt es sich den Druck von anderen? Von wem könnte es das Verhalten übernommen haben? Sprechen Sie mit Ihrem Kind, wie Sie zusammen, und eventuell mit der Hilfe von Lehrern oder anderen professionellen Beratern, den Teufelskreis durchbrechen können.

»Social-Media-Depressionen«

Meike tippt und klickt ununterbrochen. Sie seufzt und streicht durch ihr Haar. Ihre Mundwinkel hängen nach unten. Sie ist sehr still. Meikes Mutter macht sich Sorgen. Seit längerem fällt ihr auf, dass ihre Tochter sehr unzufrieden zu sein scheint, wenn sie am Laptop sitzt. Auch wenn sie offline geht, ändert sich ihre Laune meistens nicht. »Was ist denn los?«, fragt ihre Mutter endlich und hofft, nicht angemeckert zu werden.
»Ach, die doofe Susanne hat alle coolsten Mädchen von der Schule auf ihrer Freundesliste«, entgegnet Meike. »Ich werde nie so beliebt sein wie sie!«

Soziale Netzwerke können Kindern helfen, Freundschaften zu knüpfen und zu pflegen, oder sich in Gruppen über ihre Interessen und Hobbys auszutauschen. Wenn sich Ihr Kind mit dem Inhalt der Social Media wohlfühlt, können die Seiten u. a. gut für die Entwicklung seiner Kommunikations- und Lesefähigkeiten sein.

Aber genauso positiv, wie das Nutzen von Sozialen Netzwerken sein kann, kann es sich auch negativ auswirken. Es besteht die Gefahr, dass Ihr Kind die virtuelle Welt zu ernst nimmt, und die Vorgänge es nicht loslassen. Vor allem wenn Ihr Kind das Internet als eine Möglichkeit ansieht, nach Anerkennung zu suchen. Es postet unentwegt, und fühlt sich als Konsequenz immer unter Beobachtung und unter Beurteilung. Durch das ständige

Onlinesein fängt Ihr Nachwuchs an, das Leben von anderen exzessiv zu beobachten und sich dabei mit anderen und deren Leben zu vergleichen. Dieser Vergleich und Wettbewerb kann Frustration und Unzufriedenheit auslösen. Im schlimmsten Fall kommt es zu Depressionen. Das eigene Leben erscheint nicht mehr so spannend wie das von anderen.

Aus diesen Gründen ist es wichtig, dass Ihr Kind sich nicht zu sehr von Onlineaktivitäten vereinnahmen lässt, und der virtuellen Welt nicht zu viel Beachtung schenkt. Wenn diese negativen Gefühle Ihr Kind überfallen, soll es aufhören, was es in diesem Moment tut, und stattdessen mit Ihnen reden. Social-Media-Seiten und andere Angebote im Internet, die ihm nicht guttun, sollte es erst überhaupt nicht nutzen.

Distanz

Meikes Mutter reicht es. Ihre Tochter soll weniger auf den sozialen Netzwerken unterwegs sein. Denn Meike ist grundsätzlich schlecht gelaunt, wenn sie online war. Ihre Mutter bereitet sich vor: Auf einen Streit mit Geschrei und knallenden Türen. Doch Meike überrascht sie: »Weißt du was, Mama? Du hast Recht. Ich habe keinen Bock mehr, mich ständig schlecht zu fühlen.« Meike klappt ihren Laptop zu, schnappt sich ein Buch und blättert durch die Seiten. Meikes Mutter ist sprachlos. So viel Einsicht hatte sie ihrer Tochter nicht zugetraut. Noch ist sie etwas skeptisch: Die kommenden Wochen werden zeigen, ob Meike auch tatsächlich weniger online geht.

Im Umgang mit dem Internet ist es hilfreich, sich eine gesunde Distanz zur Onlinewelt zu wahren. Das Smartphone wegzulegen, oder den Laptop zuzuklappen, ist eine gute Lösung, wenn etwas im Netz Ihr Kind aufwühlt oder verärgert. Das heißt nicht, dass diese Vorgehensweise alle Probleme beseitigt. Schließlich sind die virtuelle und die reale Welt nicht strikt voneinander zu trennen. Was wir online wahrnehmen, wirkt sich auf unsere Psyche und unseren Alltag aus. Wenn jemand einen gehässigen Kommentar unter einem Selfie postet, oder man aus der Freundesliste gelöscht wird, hinterlässt das mitunter Spuren. Man kann abends nicht einschlafen, weil einem die Videos von einer Webseite nicht aus dem

Kopf gehen. Gerade deswegen macht es Sinn, seinen Internetkonsum einzuschränken und auf Dauer den Besuch von bestimmten Webseiten zu unterlassen.

Bleibt Ihr Kind trotzdem auf den Internetseiten, machen Sie ihm klar: Nicht alles auf Social Media und in den Onlinespielen muss ernstgenommen werden. Es ist zum Beispiel vollkommen in Ordnung, ein Onlinespiel zu verlieren, es danach einfach zur Seite zu legen und weiterhin gut gelaunt zu sein. Wenn jemand ständig verletzende Kommentare postet und nach einer Konfrontation nicht damit aufhört, ist es besser, diese Person zu ignorieren und zu blockieren, als sich weiter auf die Nerven gehen zu lassen.

Nicht jeder Mensch besitzt die Reife für diese Einsicht. Manche Onlinespieler lassen sich zu sehr in die Spiele hineinziehen und reagieren bei einer Niederlage aggressiv. Auch gibt es sogenannte »Trolle«, die nur online unterwegs sind, um mit ihren Beiträgen Menschen zu verärgern oder zu schockieren. Mit ihnen zu diskutieren bringt herzlich wenig. Erinnern Sie Ihr Kind daran, immer eine gewisse Distanz zu dieser Negativität zu bewahren, und sich nicht unnötig provozieren zu lassen. Stattdessen ist es vorteilhafter, von dem Bildschirm abzulassen, und sich auf andere Dinge zu konzentrieren. Am besten auf solche, die dem Kind Freude und Spaß bereiten.

Kennenlernen

Cora ist begeistert von ihrer neuen Freundin, die sie über ein Onlinespiel kennengelernt hat. Jetzt wollen sich beide zum ersten Mal persönlich treffen. Schließlich leben sie nur eine Zugstunde voneinander entfernt. Aber Coras Mutter macht Stress: »Das kannst du dir abschminken, Fräulein.«
Ihr Vater hingegen reagiert versöhnlich: »Komm, Victoria, lass uns einen Ausflug in die Stadt dieser Freundin machen. Wir stellen uns kurz ihren Eltern vor und dann gehen wir beide einkaufen.«
Coras Mutter lässt sich überzeugen. Der Vater zwinkert Cora zu: »Mit Shoppen kannst du deine Mutter immer locken.«

Besonders ältere Kinder knüpfen im Internet neue Kontakte, sei es durch gemeinsame Freunde oder durch Online-Communitys. Verfestigt sich eine Onlinefreundschaft, ermutigen Sie Ihr Kind, dem anderen User Fragen zur Person zu stellen. Dies dient dazu, den Onlinefreund besser kennenzulernen und einschätzen zu können. Sagen Sie Ihrem Kind, dass Fremde online kennenzulernen genauso ein Prozess ist wie im realen Leben. Man kennt niemanden von heute auf morgen, sondern braucht Zeit, um zu wissen, welchen Charakter der andere Mensch besitzt. Deswegen rufen Sie Ihren Kindern ins Gedächtnis, vorsichtig zu sein.

Vereinzelt entsteht der Wunsch beim Kind, den Onlinefreund im echten Leben kennenzulernen. Bleiben Sie der Idee zunächst positiv gegenüber eingestellt. Ihr Kind darf wissen, dass es diesen Wunsch jederzeit bei Ihnen äußern kann. Es muss nicht hinter Ihrem Rücken Pläne schmieden, den User heimlich kennenzulernen. Bei einem Treffen gilt, Ihr Kind niemals allein mit einer noch unbekannten Person zu lassen. Gehen Sie selbst mit, oder lassen Sie eine Person Ihres Vertrauens mitkommen. Wählen Sie einen öffentlichen Ort für das erste Treffen. Sehen Sie es so: Letzen Endes ist dies für Ihr Kind eine Vorbereitung auf das Leben, da wir im Alltag immer wieder neu auf Fremde treffen.

Extra-Tipp: Ist Ihnen der Onlinefreund nicht geheuer, teilen Sie es Ihrem Kind mit. Erklären Sie in Ruhe Ihre Gründe, warum Sie misstrauisch sind. Hören Sie aufmerksam zu, was Ihr Kind dazu sagt. Ist Ihr Nachwuchs uneinsichtig, kann es zu Streit kommen, aber dies müssen Sie in Kauf nehmen. Die uneingeschränkte Sicherheit Ihres Kindes geht immer vor, auch wenn es dies in dem Moment nicht sehen will.

Nicht um jeden Preis mitmachen

Technische Produkte

Wenn Sie sich dem Wahnsinn der heutigen Digitalisierung und dem Nonstop-Onlinesein entziehen möchten: Finger weg von Smartphone, Tablet und Co! Die Umsetzung ist für Groß und Klein recht simpel: Was nicht gekauft wird, kann nicht genutzt werden. Was nicht daheim rumliegt, kann nicht gespielt werden. Was nicht sofort erreichbar ist, wird zunächst vergessen.

Jedoch wollen Mama und Papa meist selbst nicht auf Smartphones und Tablets, Social Media und Onlinespiele verzichten. Bereits als Erwachsener sieht man sich dem sozialen Druck ausgesetzt, konstant vernetzt und Teil der Onlinekultur zu sein. Die meisten wollen das neueste, innovative Smartphone. Blinkende Bildschirme und grelle Geräusche ziehen uns an. Da ist es leicht nachvollziehbar, dass unsere Kinder ebenfalls ein Gerät besitzen wollen. Schließlich taucht es bei all ihren Freunden und Verwandten auf und scheint endlosen Spaß zu versprechen.

Blöd nur, wenn Mama und Papa wieder als Spaßbremse fungieren. Als Eltern entscheiden Sie, ob Ihr Nachwuchs ein technisches Gerät wie ein Smartphone oder Tablet erhalten soll oder nicht. Lassen Sie sich nicht durch hartnäckige Bittgesuche, Tränen oder Wutanfälle zu einem Kauf drängen. Bleiben Sie ruhig. Versuchen Sie, den Ärger Ihres Kindes zu verstehen. Es möchte nicht auf die sofortige Spaßbefriedigung verzichten. Schließlich ist sie seinen Eltern und seinen Freunden vergönnt. Wenn Sie Ihr Kind für zu jung für ein Smartphone oder ein bestimmtes Onlinespiel halten, müssen Sie sich dies vor Augen halten und zu Ihrer Meinung stehen. Erklären Sie Ihrem Kind Ihre Beweggründe und zählen Sie mögliche Alternativen auf: Es darf sich pro Tag eine Stunde Ihr Smartphone ausleihen, oder sich ein altersgerechtes Onlinespiel aussuchen. Rechnen Sie allerdings nicht damit, dass Ihr Kind Sie versteht und Ihre Argumentation akzeptiert. Dafür können Sie mit viel Unverständnis und Uneinsichtigkeit rechnen.

Überlegen Sie sich immer gründlich, ob sich die Anschaffung eines neuen Gerätes lohnt:

Rennen Sie nicht dem neuesten Technik-Trend hinterher. Was brauchen Sie und Ihre Kinder wirklich? Setzen Sie die praktischen Aspekte des Gerätes in den Vordergrund.

Recherchieren Sie und lassen Sie sich beraten: Für welche Aktivitäten eignen sich welche Geräte? Für die Freizeit, zum Lernen oder für die Arbeit?

Falls Sie bereits ein solches Gerät besitzen: Braucht Ihr Sohn tatsächlich ein neues Tablet, weil es neue Funktionen aufweist, oder läuft das Alte noch einwandfrei? Fragen Sie ihn, aus welchen Gründen er ein neues Gerät will.

Besorgen Sie einen neuen Laptop nur, weil Ihre Tochter danach verlangt und Sie ihr die Bitte nicht abschlagen können? Oder halten Sie den Kauf selbst für eine gute Idee?

Sind die Argumente Ihres Kindes nachvollziehbar? Gibt es gute und nachvollziehbare Gründe, sich neue technische Gegenstände anzuschaffen?

Wenn Sie sich zu einem Kauf entschlossen haben, reden Sie mit Ihrem Kind über die neuen Regeln, die es nach dem Erwerb des Gerätes geben wird. Ist es sich zum Beispiel bewusst, dass für die Nutzung des Tablets die gleichen Richtlinien gelten wie für den Computer? Festgelegte Zeiten für das Internet bleiben bestehen.

Extra-Tipp: Je älter Ihr Kind ist, umso mehr kann es sich an den Kosten beteiligen. Es besteht die Möglichkeit, dass sich Ihr Nachwuchs zumindest an den Anschaffungskosten bzw. laufenden Kosten des Smartphones oder Tablets beteiligt. Sei es durch Hilfe im Haushalt oder Taschengeldabzug.

Social Media und andere Seiten

Nicht nur Tablet und Smartphone, auch Social Media und andere Webseiten haben einen hohen Stellenwert in unserem Leben eingenommen. Mitunter haben Kinder keine Lust, an bestimmen Social-Media-Seiten teilzunehmen, oder sich Videos auf manchen Internetplattformen anzugucken. Durch ihre Freunde oder Mitschüler fühlen sie sich jedoch dazu verpflichtet und machen mit. Für Ihr Vorhaben, den Nachwuchs weniger online zu sehen, ist dies selbstverständlich nicht förderlich.

Suchen Sie das Gespräch mit Ihrem Kind und bereden Sie, was es bedeutet, sozialem Druck im Hinblick auf Internetkonsum ausgesetzt zu sein. Bestimmt kann es von Situationen berichten, in denen es bei etwas mitgemacht hat, nur weil alle anderen es auch getan haben. Fragen Sie Ihr Kind, welche Gefühle und Ängste es dabei empfunden hat. Vielleicht kämpft es mit der Befürchtung, unter seinen Freunden als Angsthase oder Langweiler zu gelten, oder den Anschluss zu verlieren. Seien Sie für Ihr Kind ein verlässlicher Ansprechpartner. So weiß Ihr Kind, dass es einen Rückhalt hat, und es wird ihm leichter fallen, mit seinen Ängsten umzugehen.

Was können Sie sonst noch unternehmen, um Ihr Kind zu stärken und ihm zu helfen, besser mit sozialem Druck umzugehen? Sie tun dies bereits, indem Sie der Internetnutzung Ihres Kindes Grenzen aufzeigen. Ihr Kind sieht, dass Sie sich trauen, Nein zu sagen, und sich nicht scheuen, klare und präzise Regeln zu setzen. Auf diese Weise lernt Ihr Nachwuchs, dass es in Ordnung ist, sich von den Forderungen anderer Menschen abzugrenzen, und zu sagen: »Nein, das möchte ich nicht«.

Onlinekäufe

Vorsicht ist bei vielen Apps und Onlinespielen geboten. Zumindest, wenn Sie nicht vorhaben, Ihr hart verdientes Geld gegen virtuelle Goldmünzen einzutauschen, oder dem Zauberer neue rote Schuhe zu spendieren. Online gibt es Kaufmöglichkeiten wie Sand am Meer, davon sind Apps und Onlinespiele nicht ausgeschlossen. Gelegentlich absichtlich, zeitweise unabsichtlich: Bevor Sie überhaupt daran denken können, »Stopp!« zu rufen, sind mit einem Klick fünf Euro weg.

Versuchen Sie deswegen von Anfang an, Kaufmöglichkeiten in den Apps und Spielen zu unterbinden. Erkundigen Sie sich nach Möglichkeiten, wie Sie sichergehen können, immer das letzte Wort über Käufe zu behalten, zum Beispiel durch Passwortschutz. Bleiben Sie dabei immer auf dem neuesten Stand. Stellen Sie sicher, dass die Accounts nicht mit Ihrer Kreditkartennummer oder anderen Zahloptionen verbunden sind. Vorsicht: Auch bei auf dem ersten Blick gebührenfreien Spielen kann es teuer werden. Viele Spiele sind so konzipiert, dass innerhalb eines (kostenlosen) Programmes weitere Bestandteile erhältlich sind — dann gegen Bezahlung.

Ein weiterer Renner für Kinder sind Geschenkkarten von verschiedenen Anbietern, die als Gabe zum Geburtstag oder an Feiertagen heiß begehrt sind. Dank dem enthaltenden Guthaben kann im Onlinegeschäft fleißig eingekauft werden. Wenn Kinder viel Geld in ihre Onlinespiele investieren, ist dies für Erwachsene oft unverständlich. So können fünfzig Euro an einem Nachmittag in virtuellen Welten verpuffen. Kinder haben zumeist wenig Bezug zu Geld. Deswegen sollten Sie Ihrem Nachwuchs nicht gleich die Kreditkarte in die Hand drücken. Aber im Großen und Ganzen ist es in Ordnung, dass Ihr Kind selbst bestimmt, für was es die Geschenkkarte ausgeben möchte. Ob billiges Plastikspielzeug oder eine Tüte voller Süßigkeiten vom Kiosk um die Ecke: In Ihrer Kindheit waren Ihre Eltern bestimmt auch nicht über jede Kaufentscheidung von Ihnen entzückt. Lassen Sie Ihr Kind also in Ruhe bestellen. Machen Sie ihm aber bewusst, dass wenn das Guthaben leer ist, es erstmal keine neue Karte gibt. Es muss sich seinen Kontostand einteilen. Wenn es nach einer neuen Karte fleht, muss es darauf warten, oder sein Taschengeld dafür ausgeben. Dies hilft Kindern, den Umgang mit Geld zu erlernen und Prioritäten beim Ausgeben zu setzen.

Abschließende Worte

Kinderhände sind flink. Das gilt beim Verschmieren von Essensresten, Bemalen von Wänden sowie bei der Bedienung der neuesten Technik. Sie gehen mit Tablets besser um als so manch ein Erwachsener und lieben es, ihren Eltern bei jeder Gelegenheit das Smartphone abzuluchsen. Je älter sie werden, umso mehr lernen sie, dass das Internet ein integraler Bestandteil unseres Alltags ist. Das Onlinesein nimmt viel Zeit unseres Lebens ein — manchmal zu viel. Da Kinder unsere Verhaltensweisen übernehmen, ist es förderlich, selbst einen bewussten und sicheren Umgang mit Smartphone und Co praktizieren. Auf diese Weise genießen wir die Vorteile des Internets, ohne dass es unser Handeln diktiert.

Balanciertes Internetverhalten zu praktizieren, bedeutet einerseits, Grenzen festzulegen und durchzusetzen, andererseits aber auch, locker zu bleiben, wenn nicht alles nach Plan läuft. Vergessen Sie nicht: Ausnahmen bestätigen die Regel. Gelegentlich dürfen sich Kinder mit ihren Tablets und Smartphones auch außerhalb der festgelegten Zeiten beschäftigen: Ob daheim, beim Besuch oder auf Reisen. Das World Wide Web ab und an zu nutzen, ist kein Verbrechen, auch wenn Sie generell auf den Internetkonsum Ihres Kindes achten möchten.

Entscheiden Sie, welche Grenzen für Ihre Kinder gelten sollen und handeln Sie danach. Das Internetverhalten Ihres Kindes zu regulieren wird kein Zuckerschlecken sein. An manchen Tagen haben Sie jeden Klick im Griff, an anderen wollen Sie Ihr Kind samt Tablet und Aufladekabel am Straßenrand aussetzen. Ihr Kind wird immer wieder versuchen, die Regeln auszutricksen und diverse Schlupflöcher zu finden.

Wenn Sie in die mit Tränen gefüllten Augen blicken, weil Sie Ihrem Kind die Onlinezeit begrenzen, wird es Ihnen möglicherweise sehr schwer fallen. Plötzlich fühlen Sie sich wie die kaltherzigste Mutter oder der härteste Vater im ganzen Universum. Aber denken Sie daran: Wenn wir das Kind zum Arzt bringen und es eine Spritze bekommt, tut es uns auch im Herzen weh. Aber für die Gesundheit und das Wohlbefinden ist dieser Nadelstich unerlässlich. Schließlich wollen Sie das Beste für Ihr Kind und das beinhaltet zeitweise, eine klare Linie zu fahren. Konzentrieren Sie sich stattdessen auf die Vorteile einer solchen Erziehung: Ihr Kind weiß Bescheid, welche Regeln zu Hause gelten und erfährt dadurch Sicherheit und Stetigkeit. Sie setzen Grenzen zum Schutz Ihrer Familie, Ihrer Kinder und Ihrer Selbst. Davon profitieren alle.

Machen Sie sich bewusst: Bildschirmzeit einschränken ist mehr als »nur« offline gehen. Es bedeutet, dass Ihr Kind am Leben teilnimmt, und nicht jeden Tag endlos in einer virtuellen Welt gefangen ist. Das Gerät dient nicht länger als Dauer-Bespaßung und als Langeweile-Vernichter. Die Kreativität und Lust am Leben entstehen aus dem

Kind heraus. Ihr Nachwuchs erwirbt Kompetenzen, die ihn zu einem erfolgreichen und glücklichen Menschen machen.

Haben Sie dann und wann ein schlechtes Gewissen, weil Sie das Tablet als Babysitter einsetzen und einfach nur froh sind, Ihre Ruhe zu haben? Kein Grund zur Panik: Jeder braucht mal eine ruhige Minute. Stehen Sie dazu und vertrauen Sie darauf, dass Sie im Großen und Ganzen mit Ihren Erziehungsmethoden eine gute Arbeit leisten. Auch wenn Ihnen Fehler unterlaufen und Sie von Zeit zu Zeit am liebsten einfach alles hinschmeißen möchten: Keiner ist perfekt. Zu erziehen heißt zu lernen.

Letzten Endes läuft die Internetnutzung auf folgendes hinaus: Das Netz ist nützlich, und erleichtert uns in vielerlei Hinsicht das Leben. Auf lange Sicht sollten wir es aber mit der Dauer unserer Onlinezeit nicht übertreiben. Ein Lebensstil, welcher allein auf das Internet fokussiert ist, nimmt viel Zeit in Anspruch, bremst uns aus und hindert uns daran, unser Potential voll auszuschöpfen. Als Erwachsene tragen wir die Verantwortung, dies jungen Menschen zu vermitteln.

Schenken Sie Ihren Kindern Aufmerksamkeit und seien Sie präsent. Wenn Sie sich am Leben Ihrer Kinder beteiligen und sich für ihre Träume, Wünsche und Belange interessieren, ist ein guter Grundstein gelegt. Das Gleiche gilt für die Onlineaktivitäten Ihres Kindes. Vertrauen Sie immer auf Ihr Gefühl. Sie verstehen und kennen Ihr

Kind schließlich am besten. Jedes Kind ist anders und reagiert anders auf Internetkonsum. Verlassen Sie sich bei Entscheidungen auf den gesunden Menschenverstand, und machen Sie keinesfalls Angst zu Ihrem Berater. Lassen Sie sich nicht verunsichern. Versuchen Sie mit jedem Tag, Schritt für Schritt, die Selbstregulation und Medienkompetenz Ihrer Kinder zu fördern. Ein balancierter Umgang mit dem Internet hilft Kindern, das Onlinesein, aber vor allem das Offlineleben, mit allen Vorzügen zu genießen und zu erleben.

Die Autorin

Aufgewachsen in einem idyllischen Ort in Hessen, lebt die Autorin Mina Homann zurzeit im pulsierenden Herzen des Ruhrgebiets. Sie studierte Kultur- und Medienwissenschaften und verfasst u. a. Texte, die zu einer authentischen und selbstbestimmten Lebensweise anregen.

Für einen bewussten Umgang mit dem Internet

ISBN 978-3-740-72633-1

Wir sind online. Und das zu jeder Tageszeit. Mit jedem Klick
auf der Suche nach dem nächsten Kick.
Eine Selbstverständlichkeit, die wir nicht missen möchten.
Aber warum sind wir immer online? Welchen Einfluss hat
dieser Internetfokus auf uns, unsere Gesundheit
und unsere Beziehungen?

»Go Offline: Weniger Internet — Mehr Leben« zeigt, wie Sie
sich der digitalen Rund-um-die-Uhr-Erreichbarkeit und dem
Zwang der ständigen Online-Präsenz widersetzen. Denn:
Internet raubt Zeit, Kraft und Nerven. Mit Mina Homanns
Online-Life-Balance lernen Sie, Grenzen zu setzen, dem
Gruppenzwang zu widerstehen und achtsam zu leben.